TANXUN

SHIQU YIJIU DE YUANGU SHIJIE

BENSHU
BIANXIEZU
BIAN

U0727680

探寻
逝去已久的
远古世界

本书编写组◎编

世界图书出版公司
广州·北京·上海·西安

图书在版编目（CIP）数据

探寻逝去已久的远古世界／《探寻逝去已久的远古世界》编写组编 . —广州：广东世界图书出版公司，2010.4（2024.2 重印）

ISBN 978 - 7 - 5100 - 2239 - 5

Ⅰ . ①探… Ⅱ . ①探… Ⅲ . ①世界史：上古史－青少年读物 Ⅳ . ①K11 - 49

中国版本图书馆 CIP 数据核字（2010）第 070681 号

书 名	探寻逝去已久的远古世界
	TANXUN SHIQU YIJIU DE YUANGU SHIJIE
编 者	《探寻逝去已久的远古世界》编写组
责任编辑	韩海霞
装帧设计	三棵树设计工作组
出版发行	世界图书出版有限公司 世界图书出版广东有限公司
地 址	广州市海珠区新港西路大江冲 25 号
邮 编	510300
电 话	020-84452179
网 址	http://www.gdst.com.cn
邮 箱	wpc_gdst@163.com
经 销	新华书店
印 刷	唐山富达印务有限公司
开 本	787mm×1092mm 1/16
印 张	10
字 数	120 千字
版 次	2010 年 4 月第 1 版 2024 年 2 月第 12 次印刷
国际书号	ISBN 978-7-5100-2239-5
定 价	48.00 元

前 言

　　雄伟的金字塔，壮观的狮身人面像，精美绝伦的方尖碑，让我们不禁为一个古国所创造的文明深深折服；保留千年而不朽的木乃伊，成功的心脏分离术，黑水晶制成的心脏起搏器，又为这个古国增添了一层神秘的面纱。我们在想，这些在我们今人看来还有难度的工作，还处于蒙昧蛮荒时代的古人就能够完成吗？

　　奥林匹斯众神的庇护，爱琴海的哺育，希腊人创造了高度的文明，给后人留下了宝贵的财富。但是，一度辉煌的米诺斯文明、迈锡尼文明突然从人们的视线中消逝，这究竟是什么原因呢？那些遗留下来的线形文字、王宫遗址又能给我们什么启迪呢？

　　包罗万象的《太极图》，取之不尽、用之不竭的智慧宝藏《易经》，研究古代历史的宝贵资料甲骨文，这些都展示了一个东方古国所创造的灿烂文化。但是，对于所有这些宝贵财富，我们全都了解了吗？

　　难解的文字，惊人的天文历法和数学，神奇的建筑与艺术，神秘的宗教祭祀，奇特的生活习俗，这又是一个隐藏在丛林背后的玛雅人所创造的文明。但是，它在很早以前却神秘地消亡了，这又是什么原因呢？

　　一个自称太阳神的子孙的民族，一个视黄金为太阳神汗水的民族，创造了一个拥有集财富与文明为一身的帝国，又被称为"黄金帝国"。但也正是这巨大的财富，才招来西方殖民者的入侵，导致一个帝国的衰亡、一个

文明的衰落。对此，我们是否又该反思些什么呢？

神秘的古地图，荒原上的巨型图案，奇妙的符号，令人匪夷所思的古老岩画，这些究竟是何人所为？我们又能从中发现什么奥秘？

精细加工过的石球，岩石中的铁钉，工艺精湛的水晶头骨，这些本来并不应该出现在远古时期的东西却出现在了远古时期，令人吃惊和疑惑。它们是人类所为吗？人类真的曾经毁灭过吗？抑或真的存在外星人？

好奇是人的天性，探索是人的天职。毕竟，一些事物已经逝去很久，必然会给我们留下许多疑团，我们探索起来也会有些难度。但是，疑团只有暂时存在的，相信在人类的不断探索下，谜团必将一个个解开。而作者编辑此书，一方面向读者讲述远古时代的种种文明，展示这些困扰我们已久的谜团；另一方面也希望人们在探索未知世界的路上更进一步，早日揭开那些神秘的面纱，还原其本来的面目。

目 录
Contents

神秘的金字塔国度

金字塔建造之谜

在古代世界的"七大奇迹"中，埃及的金字塔被誉为"七大奇迹"之首。古老的埃及人在尼罗河的两岸建造了近百座大大小小的金字塔，其中最为壮观的一座是胡夫金字塔，它建于公元前2600年左右，高约146.5米，塔基每边长232米，绕1周约1000米。塔身用230万块巨石砌成，平均每块重2.5吨，石块之间不用任何黏着物，而由石与石相互叠积而成。但是，人们很难用一把锋利的刀片插入石块之间的缝隙。虽然经历了多少个世纪的风风雨雨，它仍然是那样巍峨壮观，不禁让人称奇。

除了这些，令许多学者、史学家更感兴趣的是，金字塔究竟是如何建造的。对此，人们也说法不一，甚至大相径庭。

关于金字塔的建造，一般解释为：第一步是采石，然后工匠们把加工过的平整光滑的巨石用人或牛拉的木

风景秀丽的尼罗河孕育了神秘的埃及文明

1

橇运往施工现场。因为木橇运行需一条平坦的道路，所以首先要修路，仅这项工程就花去了 10 年时间。在古代，没有现代化的装卸工具，把一块块巨石一直垒到百米以上的高度又是一个难题。据传：工匠们先砌好地面一层，然后堆起一个与第一层一样高的土坡，再沿着土坡把石块拉上第二层。以此类推，人们将石块一层一层砌上去，待塔建成后，再将土坡移走，让金字塔显露出来。

在技术异常落后的古代，进行这样大的工程是十分艰苦的。古希腊著名史学家希罗多德曾在公元前 5 世纪到达过埃及，并对金字塔进行了实地考察。据他写的传世之作《历史》一书所提供的史料，人们可以获知，建造那座胡夫金字塔总共用了 30 年，建造时驱使 10 万人一批，每批服役 3 个月，轮流替换。

雄伟壮观的金字塔

另外，关于建造金字塔的巨石是用天然石块加工而成，还是另有别的制法，人们也说法不一。法国化学家戴维·杜维斯认为，建造金字塔的巨石是用人工浇注而成的，而不是天然的石块。为此，这位科学家进行了试验，他将从金字塔上取下的小石块逐个加以化验，其结果表明，这些石块是由人工浇注贝壳石灰矿组成。由此推测，当时埃及工匠制造金字塔时，很有可能采用"化整为零"的办法，先将搅拌好的混凝土装进筐，再抬上正在建造中的金字塔。这样，只要掌握一定的技术，就能浇注成一块块巨石，将塔层层加高。同时，这一新说也可以用来解释为什么金字塔的石块之间会吻合得如此紧密。戴维·杜维斯还估计，当时在工地上劳动的奴隶约有 1500 人，而不是过去设想的 10 万人。他还在石块中发现一缕 1 英寸长的头发。这缕头发可能就是古埃及人在劳动时不小心掉在正在搅拌的混凝土中形成的。

后来，一些科学家在仔细研究金字塔后，竟得出一些有趣的数字：胡夫金字塔的塔高乘上10亿所得的数，和地球到太阳之间的距离大体相等；穿过大金字塔的子午线，把地球上的陆地、海洋分成相等的两半；用2倍塔高去除塔底面积等于圆周率3.14159。对于这些，人们很难用"巧合"来解释。于是，从20世纪60年代起，就不断有人提出大金字塔是天外来客建造的说法。西方学者冯·丹尼肯就是这种"天外来客说"的主要代表。他认为：古埃及没有测量技术，本

钢筋混凝土发明者约瑟夫·莫尼哀

土又缺少石头和木材，造不出这样高大的建筑物。他又指出，建造这样的金字塔，承担国的人口至少应有5000万，但在当时全世界人口也不过2000万。丹尼肯甚至想象，天外来客为了建造这座大金字塔，带来了激光测距仪、电子计算机和起重机。

后来，一些考古学家又称金字塔内藏有外星人或生物。保罗·加柏博士与其他考古专家，对埃及金字塔的内部进行研究时，偶然发现塔内密室中藏有一具冰封的物件，探测仪器显示该物件内有心跳频率及血压显示，相信它已存在5000年。专家们还认为，冰封底下是一具仍有生命力的生物。科学家们又据该塔内发现的一卷用象形文字记载的文献获知，约距今5000年前，有一辆被称为"飞天马车"的东西撞向开罗附近，并有1名生还者。该卷文献称这"生还者"为设计师，考古学家相信这外太空人便是金字塔的设计及建造者，而金字塔是作为通知外太空的同类前往救援的记号。但是，那外太空人如何制造了一个如此稳固、不会溶解的冰格，并把自己藏身于内，一直是科学家无法解开的谜团。

3

为了揭开蒙在金字塔身上的神秘的面纱，1978 年 3 月，日本早稻田大学古代埃及调查室的一支考古实验队，用模拟古代埃及人造塔的方法，在古塔之前建造了一座新塔，其规模为原塔的 1/14。对于采石这个问题，模拟试验所采取的方法是：先在石面上凿出成点线的小孔，然后打进木楔子，不断敲击直至产生裂缝。至今在阿斯旺采石场上，还可找到残留有木楔子痕迹而未切割下来的石料。由此可见，这个办法最可能与当年的方法相符合。对于石块又如何的搬运，他们的方法是，以木撬载石块，用人力牵引，慢慢运至工地。堆砌大金字塔的关键技术是墓室。试验中采用了"沉沙法"，证实了古埃及人在没有现代化机械起重设备的条件下，照样能把一块块巨石砌上去，直至墓室最上一层的三角形尖顶。实验考古证明，古埃及人从实践中发现并采用这种方法建造金字塔是完全可能的。

■ 令人色变的金字塔墓碑咒语

埃及的金字塔，壮观而神秘，而其墓碑上的咒语，更是让人毛骨悚然、谈之色变。

在埃及的金字塔的一些墓碑上，写着这样的咒语："不论是谁骚扰了法老的安宁，'死神之翼'将在他头上降临"。最初人们认为这些近似神话般的咒语无非是想告诫那些企图窥视墓穴中无价宝藏的后人，以防盗墓。然而，奇怪的是几个世纪来，凡是进入法老墓穴的，无论是盗墓贼、冒险家，还是科学考察人员，最终都一一应了咒语，不是当场毙命，就是不久后染上奇怪的病症而痛苦地死去。

1922 年 11 月，英国著名的考古学家霍华德·卡特在帝王谷经过了 7 年的发掘探索，终于打开了图坦卡蒙法老的陵墓，从中发掘出多达 5000 多件的珠宝、首饰、工艺品、家具、衣物和兵器。这一成果震惊了世界，但是，更震惊世人的是后面发生的一系列事件。

1923 年 2 月 18 日，发掘工作胜利在望的时候，以巨资支持卡特工作的卡纳冯勋爵在进入墓室后突然患重病死去。她姐姐在回忆录中这样写道："死以前他发着高烧连声叫嚷，'我听见了他呼唤的声音，我要随他而去了!'"时隔不久,另一位考古学家莫瑟先生,在发掘工作中曾帮助推倒墓道里一堵主要墙壁,也染上了一种近乎神经错乱的病症而毙命。X射线专家道格拉斯·里德,世界上第一个给法老木乃伊拍X光照的人,不久也成了法老墓的牺牲品,日益虚弱地离开人间。以后2年中此项发掘工程人员中,就有22人莫名奇妙地暴死。从此,法老墓杀人的消息不胫而走,墓碑上的咒语更成了众说纷坛的不解之谜。

1924年,英籍埃及生物学家怀特带着好奇心进入一座墓穴,令人惊奇的是,他参观后就上吊自缢。临死前,他咬破手指写了千言

出土的图坦卡蒙黄金面具

遗书,声称他的死是法老墓的咒语造成的,自己将带着忏悔心情去见上帝。更令人惊奇不解的是,埃及开罗博物馆馆长盖米尔·梅赫来尔的死,他一向根本不信"墓碑咒语"灵验的说法。他声称:"我一生与埃及古墓以及木乃伊打过多年交道,我不是还健在吗?"然而,就在这番话语出口不及4星期,梅赫来尔突然暴病而亡,死的时候还不到52岁。而且人们注意到,就在他去世的同一天,他曾指挥一队工人将一批珍贵文物打包装箱,而这批令人费解的文物恰恰是从那可惧的图坦卡蒙法老墓中出土的。这一切,使法老墓的传奇更蒙上神秘可怖的黑面纱,和墓中的财宝一起使人们望而生畏而又跃跃欲试。

对于这些与埃及法老金字塔打交道的人暴死的原因,以及法老墓碑上的咒语是否真有灵验,人们当然要追查到底。

一种观点认为墓道壁上有一层粉红色和灰绿色的东西,可能是一层死光,据说它放射出的物质能使人丧命。

5

也有一些科学家倾向于另一种看法，即古埃及的文明已达到可能以剧毒的害虫或毒物作为特殊武器，来保护埃及统治者的陵墓免受暴力侵犯。1956年，地理学家怀特斯在挖掘罗卡里比陵墓时，就曾遭到蝙蝠的袭击。

后来，有一些科学家试图从生物学上来解释。开罗大学生物博士、医学教授伊泽廷豪于1963年声称：根据他对博物馆许多考古学家以及工作人员进行定期体检的结果，发现所有体检者肌体均存有一种能引起呼吸道和使人发高烧的病毒。进入墓穴的人由于感染上这种

从图坦卡蒙金字塔中出土的文物

病毒，将导致呼吸道发炎最终窒息而死。但墓穴中的这一种病毒为何生命力如此顽强，竟能在木乃伊中生存4000年之久，科学家们就不得而知了。

1983年，一位叫菲利普的法国女医生，经过长期研究后，认为这些人死亡原因都是因为发掘者和参观者对墓中霉菌过敏反应造成的。据她研究，死者病状基本相同——肺部感染，窒息而死。她解释道："古埃及法老死后，随葬品除珍宝、工艺品、衣服外，还放置了各种水果、蔬菜和大量食品，后者长久保存经过千百年的腐烂成为一种肉眼难见的霉菌，黏附在墓穴中。不论是谁，只要吸入这种毒菌后，肺部便急性发作，最后呼吸困难而痛苦地死去。斯特拉斯堡的杜米切恩教授就因钻入刚发掘不久的充满霉菌的陵墓中临摹铭文而一命呜呼。"至今为止，这种说法成为较令人信服的解释了。

但是法老墓碑咒语究竟如何，还有待于人们的继续探索。

狮身人面像形成之谜

提到金字塔，就不能不提到狮身人面像。

在埃及，为了让游人充分领略埃及古老灿烂的文化，埃及政府每天都在毗邻金字塔的狮身人面像的广场上举办"声与光"的文艺节目。演员们用英、法、德和阿拉伯语轮流演出。五彩的光柱，优美的诗句，雄浑的乐章，让人们陶醉其中、流连忘返。尤其是广场上巍然屹立的身高22米，长约57米，耳朵长2米的狮身人面像，更激起人们的赞叹和惊奇。如此栩栩如生的雕像，是天然形成，还是人工所为？还有雕像究竟为何许人也？多少年来，人们一直各抒己见、争论不断。其中有代表性的有以下几种说法。

一些学者认为，狮身人面像是妖魔斯芬克斯的塑像，其依据是流传埃及以至全世界的一则民间故事。相传在远古时期，在埃及忒拜城外，巨人堤丰与妖蛇厄喀德娜同居后，生下一怪物。他有美丽的人头，但身躯却是狮子的身躯，并长有双翅，取名斯芬克斯。斯芬克斯从智慧女神缪斯那里学会

狮身人面像

了许多深奥的谜语，生性十分凶残的斯芬克斯便以此来残杀百姓。他整年日夜守候在悬崖峭壁之间，或是通衢大道路口，强行挟持过路人猜出他所叙述的谜语，如果猜不出，他立刻就将这些人撕裂成碎片吞食，结果无数无辜身遭其害，就连国王克瑞翁的儿子也惨遭厄运。一时间，人心惶然。为了铲除这个恶魔，克瑞翁国王下令：如果谁能够征服斯芬克斯，他就将自己的王位禅让给他，并可以娶王后为妻。

时过不久，希腊有位名叫俄狄浦斯的青年揭榜应征。他直接找到斯芬克斯。斯芬克斯就出了这样一个谜语："能发出一种声音的，在早晨用4只

7

脚走路，中午用 2 只脚走路，晚上用 3 只脚走路，在一切生物中，这是唯一的用不同数目的脚走路的生物。脚最多的时候，正是速度和力量最小的时候。这是什么？"俄狄浦斯略加思索，立即回答说："这是人呀！小孩的时候，是生命的早晨，小孩刚开始学走路的时候，是用两手两脚爬行，这就是'在早晨用 4 只脚走路'，虽然脚最多，却'正是速度和力量最小的时候'。长大后，成为壮年，用 2 只脚走路，这是生命的中年。但到了年老体衰的晚年，走路需要扶持，因此需要拄着杖，以拐杖作为第三只脚。"

斯芬克斯塑像

斯芬克斯听到俄狄浦斯给出正确的答案，顿时感到羞愧而无地自容。为了赎罪，斯芬克斯跳下悬崖，自杀身亡。国王克瑞翁除了兑现自己的诺言外，为了让人们记住这个恶魔，便在斯芬克斯经常出没的地方，也即今天狮身人面像的所在地，用块巨石刻上斯芬克斯的形象，这就是狮身人面像的由来。

但是，也有些学者认为，狮身人面像并非是什么人的发现和事后雕成，而是巨石天然风化而成的。为了证明自己，他们援引这样一件事：3400 年前，当时埃及年轻的王子托莫来到基隆，也就是狮身人面像今天的所在地狩猎。因奔波了一整天，他觉得十分疲劳，便在一座沙丘上休息，没过多久，便进入了梦乡。梦中他见到一怪物，有着人的头，但却是狮子的身躯。这怪物对王子说："我是伟大的胡尔·乌姆·乌赫特（古埃及人崇拜的神，意为神鹰），泥沙盖住了我的身躯，如果你能去掉我身上的泥沙。我将封你为埃及的国王。"王子惊醒后，立刻调集大批奴隶，昼夜挖掘，等到沙尽石出，就有了今天的狮身人面像。

还有些学者则认为，上述观点的佐证均来自民间口碑资料，口碑资料虽然生动感人，但口碑资料，上下沿袭，真伪并存，不足为信。他们根据史籍记载，提出首先发现并制作狮身人面像应该在距今约 4230 多年前，也就是公元前 2240 年，当时的埃及国王是哈夫拉。这一年正逢金字塔刚刚竣工，为了巡视金字塔建造后的情况，他亲临建造工地，巡视过程中，当发现工地采石场上还有一块巨石被丢弃一旁未被使用时，国王哈夫拉颇感可惜，马上下令在场的工匠按照他的脸型，雕刻成一座狮身人面像，来表示纪念。

斯芬克斯和俄狄浦斯

经过多年的努力，工匠们终于完成了任务，造就了这座世界上最大狮身人面像，石像脸长 5 米，头戴奈姆斯皇冠，额上刻着"库伯拉"圣蛇浮雕，下颌雕有象征帝王威严的长须，在阿拉伯文中，它被称为"恐惧之神"，是一种君主威严与权力的象征。

后来，美国考古学家又提出一种新观点：这就是狮身人面像既非克瑞翁下令以斯芬克斯的容貌所雕成，也非王子托梦发掘而面世，更不是哈夫

9

拉发现并以自己的脸塑就而成。因为根据他们的考察，这座狮身人面像大约在 1 万年之前就已建造成功，比历来史书所记载的要早 5000 年。在考察报告中，他们还说，狮身人面像的身体和头部大约在 1 万年前建成，5000 年后，法老凯夫伦完成了狮身人面像的背部，并用自己的面孔造型替代了原来的面孔造型。这一新的发现顿时引起了史学界和考古学界的一阵喧哗。

另外，关于埃及的狮身人面像，还有许多未解谜团。比如，人们说它曾在 4000 多年前突然失踪，它的鼻子至今下落不明，每天清晨从它的身边发出令人莫测的歌声和泣声。这无疑又增添了狮身人面像的神秘色彩。

狮身人面像生辰之谜

埃及的狮身人面像可谓谜团重重，除了对其如何形成大家一直争论不休外，对于其形成的时间大家也一直处于讨论之中。

考古学家告诉我们，这座狮身人面巨像是在大约公元前 2500 年，处于古王国时代第四王朝的埃及法老哈夫拉统治时期修建的。这个国王的陵寝虽然内部比其父胡夫的金字塔逊色，却以其外部分布有致的建筑群而独胜一筹。哈夫拉巡视墓碑时，为没有一个体现其法老威仪的标志而不满，一位石匠投其所好，建议利用工地上一块 2000 千克重的巨石雕一座象征法老的威严与智慧的石像，于是便有了这座让世人惊叹的狮身人面像。

然而科学家们发现了表明狮身人面像比人们认为的年代可能早 1 倍的证据，从而在地质学家和考古学家之间引起了一场激烈的争论。地质学家断言，狮身人面像的年代肯定更久远，而考古学家们说，这一结论同他们了解的古埃及的情况产生了矛盾。

未被破坏时的狮身人面像

波士顿大学的地质学家罗伯特·M·肖赫对吉萨遗址进行了第一次地震方面的研究，结果表明，在狮身人面巨像最初雕刻时与裸露在外面的这座巨像周围的石灰石床岩受风化和侵蚀的时间要比人们认为的长得多。另外，狮身人面巨像和其他年代确凿的建筑物侵蚀程度的差异也表明狮身人面像要古老得多。

狮身人面像是刻在石灰石床岩上的，所以它座落在一个壕沟里。壕沟的四壁给地质学家提供了令人感兴趣但又不满足的证据。它们被水严重侵蚀的事实，表明这个壕沟是在公元前3000年前开凿的，因为历史上这一地区的降雨量只有那时是最高的。

科学家还进行了揭示声波穿透岩石的地震研究。风化在岩石上造成多孔，声波穿行的速度使科学家们了解到岩石的孔隙度，从而表明岩石受风化和侵蚀的程度。这反过来又使科学家们知道岩石暴露在暴风雨中的时间有多长。

研究揭示，狮身人面像的"尾部"是在哈夫拉统治时期刻在石床上的，它的年龄约只有巨像前面及两边的壕沟年龄的1/2。也就是说，哈夫拉只是对已经有几千年历史的狮身人面巨像进行了整修，并纳入他的墓群之中。

这一结论当然让考古学家大吃一惊，因为这意味着狮身人面像的头部在哈夫拉出世时就已经在那里屹立几千年了，显然，这扰乱了他们所掌握的有关古埃及的常识。

1991年10月22日，地质学家在圣地亚哥举行的美国地质学年会上提交了他们的研究结果，认为巨像的实际修建年代在公元前5000～7000年。

针对这一观点，考古学家争辩说：就他们所掌握的知识来看，在哈夫拉统治埃及以前的几千年间，生活在该地区的人根本不可能掌握

狮身人面像（正面）

11

建造这一建筑物的技术，甚至没有这种愿望。显然地质学家的结论与考古学家和埃及学家"对古埃及了解的一切情况都是背道而驰的"。

至于埃及学家所说的狮身人面像酷似哈夫拉的这一证据，则有人聪明地反问，哈夫拉在把这一现有的建筑物纳入其墓群时，难道不能让人整修它的脸吗？当然在没有确凿证据时，不能排除任何一种可能。

考古学家们坚持说，狮身人面巨像的修建技术比已确定年代的其他建筑物的技术要先进得多，因此，将狮身人面像建造年代再提前几千年是不可思议的，也是不可能的。如果承认地质学家的看法，即狮身人面像可能已有八九千年的历史的话，那么，修建这一建筑的不应是当时的埃及人，而是另一群高级智慧生物。

宇宙学的研究者根据金字塔建筑群种种与天文现象的巧合神奇之处，以及塔内遗存的超现代的物品，推测金字塔是外星人在不同时期单独或帮助法老建造的。科学家以先进的仪器探测发现，狮身人面巨像之下也有类似金字塔内的秘道或秘室。但是，就凭这些证据就说狮身人面巨像出自外星人之手，而后被法老利用，似乎也难以令人信服。如此看来，关于狮身人面的争论还将持续下去。

■ 埃及历史的象征——方尖碑

埃及艳后克娄巴特拉雕像

在英国首都伦敦，风光秀美的泰晤士河畔，矗立着一座又细又高的石碑。这座石碑高 21 米，底座宽约 2.3 米，重达 200 千克，尖顶，碑身四周雕有精美的图案，并且这座石碑是用整块花岗岩凿成的。它和美国纽约中央公园的那座石碑本是一对，名为"克娄巴特拉方尖碑"。

克娄巴特拉是埃及历史上的一位女王，她富有魅力又工于心计，为了巩固自己的地位，她利用她那迷人的风姿和超人的胆略，征服了古罗马叱咤风云的两位大人物凯撒和安东尼。他们先后拜倒在她的石榴裙下。

经过考古学家认定，"克娄巴特拉方尖碑"建造于公元前1460年，建造者为埃及法老图特摩斯三世，而与克娄巴特拉毫无关系。那么为何将这石碑叫克娄巴特拉石碑呢？有人猜测可能是由于这位埃及女王在历史上太有名了，而尖细的石碑又与这位狡诈、尖刻的女王的性格有着某种共同之处。

有些史学家认为，其实方尖碑是古埃及神庙前成对排列的一种纪念碑。它是埃及人的一种宗教祭祀物。他们把石碑奉献给自己崇拜的神，法老们还将他当作登基的纪念碑。

在阿斯旺，考古学家们发现了一块尚未完成的方尖碑，从岩石的材料来看，多为整块的红花岗岩，也有少数暗灰色的玄武岩。埃及人只选那些没有污损和裂缝的石头做材料，因而石质十分均匀。

在3000多年前，古埃及的人们要把这种重约几吨的花岗岩石雕凿成石碑，并把它竖立起来，我们可以想象的到，这个工程非常浩大而繁重。

古埃及方尖碑

据史学家们考证，古埃及人在发现可以雕凿石碑的岩石后，先用水流喷射的方法将岩石冲洗干净，察看石质，然后再用取自荒野中的特别坚硬的石块刮磨岩石表面，直到平滑为止。接着在岩石周围挖好深坑，并按一定的距离在岩石周围打上许多洞，洞里打入巨大的木楔，用水浇湿。木楔受潮后膨胀，岩石按木楔排列的方向破裂，方尖碑的雏形就这样出来了。成千上万的奴隶，再用工具和绳子把方尖碑从坑里抬出来，放在装有轮子的铺板上，运到港口再装上长长的船，运到要去的地方。

但是，在几千年前是没有起重器的，古埃及人又是怎样把这些石碑竖立起来的呢？人们推测，古埃及人运用的方法是在方尖碑的顶端添砖加土，不断地垫高，使它逐渐趋于垂直，最后才把它稳稳地竖在底座上。

古代埃及人创建这种方尖碑，大概是在公元前 2600 年。耸立于埃及首都开罗郊区的太阳城奥波利斯的方尖碑，可能是现存最早的方尖碑，约建于公元前 1950 年。矗立于卡拉克阿蒙神庙的第三座和第四座碑楼之间的那对方尖碑，可能是现存最精致的方尖碑了。它是图特摩斯一世建立的，每座高 21 米，底部 1.8 米见方，重 143 吨。镌刻在碑上的象形文字，记载了埃及王朝的一些历史，以及方尖碑制作、运载和安放的经过。卢克索有一座高约 24 米的方尖碑，它以碑身上的文字精美绝伦而著称于世。

方尖碑是埃及历史的象征，但是在漫长的岁月中，许多方尖碑被毁于地震和风雨的侵蚀；也有不少被野心勃勃的外来征服者强行掠走。

比如在卢克索，这是原有方尖碑最多的地方。原来那里方尖碑成群，今天只剩下 3 座了。公元前 13 世纪拉美西斯建立的 1 对方尖碑，现在形单只影，它的"孪生兄弟"现在却安家落户在巴黎。

掠夺埃及方尖碑的历史可能从公元前 1 世纪罗马人征服埃及后开始。当时作为胜利者的罗马人用船只运走了大量方

精美绝伦古埃及方尖碑浮雕

尖碑，安放在自己国土上，其中光罗马城就安放了 12 座，这些方尖碑一直保存到 16 世纪。今天在意大利拉特兰的圣佐凡尼广场上仍然耸立着一座 32 米高、230 千克重的方尖碑，这是世界上现存的最大的埃及方尖碑。

埃及方尖碑群

矗立在泰晤士河畔的那座克娄巴特拉方尖碑，是 1819 年埃及总督赠送英国的，可是直到 1878 年才运到伦敦。运输船途中遇到了风暴，方尖碑差点沉没于海底。同年 9 月，这座碑用绞盘吊起立在泰晤河岸上。

令人惊奇的古埃及外科手术

埃及，不仅有神秘的金字塔、狮身人面像，而且还有发达的科学技术，尤其在外科医学上，4000 多年前古埃及的外科医术要比现代医术高超得多，这是科学家们在对几百具埃及木乃伊的研究中得出的惊人发现。

生理学家对古埃及木乃伊的解剖研究证明，古埃及医生能对人施行心脏分离术、器官移植术、面部整容术，甚至还能施行变性手术。对木乃伊的研究还表明，古埃及的外科医生甚至能完成连我们现代医学都无法完成的复杂医疗过程——肢体移植术和大脑增大术。这些都不能不让人们感到惊奇。

由此我们也可以推断，这些古埃及医生对人体器官及其功能了解得一清二楚，科学家们对木乃伊历经 2 年多的研究结果表明，有 231 具注明公元前 2700～前 1250 年的木乃伊，曾接受过各种各样的手术，其医术高明之处令考古学家和历史学家惊叹不已。

其中一具木乃伊曾接受过头移植术，而且没有任何迹象表明受植者在接受头移植手术后死亡。这说明，古埃及医生懂得应怎样做才能使机体免疫细胞与异体的组织更好地植合而不使其坏死，这是现代医学所望尘莫及的。

生物医学家在对木乃伊的一项专门研究中，发现了木乃伊体内残留着一种疾患的痕迹，其体表仍残留着一些外科手术留下的刀痕，甚至还留下第一步麻醉注射的痕迹。在每具木乃伊的身上都发现有类似的医疗痕迹，最后总结出一个复杂的医疗过程的顺序表。

在木乃伊身上发现 42 例心脏分离术的证据，还发现扁桃体和阑尾切除术的痕迹。此外，还发现类似面部整容术和头发移植术留下的外科手术疤痕。在另一些木乃伊的身上还发现从供体者身上移植下来的腿和手，还有一个木乃伊曾接受过大脑增大手术。

拉美西斯二世木乃伊

科学家们认为，公元前 1900 年时，古埃及的医术正处在鼎盛时期。当时的各种医疗方法都能被埃及的法老们和富翁们所接受。由于自公元前 332 年埃及被亚历山大侵占，所以最近几百年来，某些先进的传统医术失传了，但迄今为止对古埃及人的医学成就仍有某些书面记载。然而，这些木乃伊仍能证明，古埃及人是世界各个时代和各民族最伟大的神医。

▌ 木乃伊的 "邪恶能源"

除了金字塔墓碑咒语，木乃伊也有着恐怖的传说。

在公元前 1500 年前，有位名叫亚蔓蕊的公主，这位公主在埃及的历史上并不是非常有名。当她过世之后，遗体便遵照古埃及的习俗制成木乃伊，葬在尼罗河旁的一座墓室之中。

19世纪90年代末期，有4位英国的年轻人来到埃及，当地的走私贩子向他们兜售一具古埃及的古棺木，棺木中就睡着这位已变成木乃伊的亚蔓蕊公主。4名英国人中由其中最有钱的一人以数千英镑的高价买下了这具木乃伊。从此以后，这位在古埃及历史上默默无闻的公主便带来了一连串而且也是最可怕的厄运。

首先买了木乃伊的那名英国人将棺木带回旅馆。但是，几个小时后，没有人知道为什么，这位买主无缘无故离开饭店，走进附近的沙漠，从此消失了踪影，人们再也没有看见他。第二天，同伴之一在埃及遭到枪击受了重伤，不得不手术切除手臂。而剩下的2个人也先后遭到了厄运。

后来，这具神秘的木乃伊还是运回了英国，但沿路上发生的种种怪事一直让人心惊不已。最后，这具木乃伊落在了一位钟爱古埃及文化的英国富商手里。可是，厄运并没有因此而结束，富商有3位家人在一场车祸中受了重伤，富商的住宅也惨遭盗贼肆虐，在这样的变故之后，富商不得已也只好将这具木乃伊捐给大英博物馆。

此后，2名运货工人将公主的棺木抬入博物馆内时，在楼梯间棺木失手掉落，压伤了其中一人的脚；而另一个工人则在身体安全健康的状况下，2天后无故死亡。

后来，人们把亚蔓蕊公主的棺木安置在大英博物馆的埃及陈列馆中。在陈列馆期间，夜间的守卫报告常常在她的棺木附近听见敲击声和哭泣声。更让人恐惧的是，连陈列室中的其他古物也常发出怪声。最可怕的是时时伴随着人命：一名守卫不久后在执勤时死去，吓得其他守卫打算集体辞职。而有一名观光客向人们说道，他在参观木乃伊时随手将一块抹布挂在亚蔓蕊公主棺木上，不久后他的小孩便染上麻疹死去。由于怪事不断出现，最后大英博物馆高层便决定将木乃伊放入地下贮藏室，可一切又都是徒劳的。因为一个礼拜还没过完，下一个受害人又无缘无故送掉了一条命——那位决定将木乃伊送入地下室的博物馆主管，被发现死于他的办公桌前。后来，一位摄影记者对木乃伊进行了拍摄报道。但在第二天，人们就发现这位摄影记者于自己家中举枪自尽。

不久之后，大英博物馆将这具木乃伊卖给一名私人收藏家，收藏家请了当时欧洲最有名的"灵媒"波拉瓦茨基夫人为这具木乃伊"除灵"。经过繁复的除灵仪式，波拉瓦茨基夫人宣布这具木乃伊有着"惊人的大量邪恶能源"，并且表示要为这具木乃伊除灵是绝不可能的事，因为"恶魔将永存在她的身上，任何人都束手无策"。

最后，波拉瓦茨基夫人的结论是要求拥有人尽快将她脱手处理掉。但是，到了这个地步，已经没有任何博物馆愿意接受亚蔓蕊公主的木乃伊，因为在 10 年的岁月中，已经有将近 20 个人因为她而遭到不幸，甚至失去了生命。"她"的诅咒魔力声名远播。不久之后，有位不信邪的美国籍考古学家不顾这之前的可怕历史，仍然花了一笔可观的费用将她买下，并且打算将她安置在纽约市。

公元 1912 年 4 月，这位亚蔓蕊公主的新主人亲自监送她，将她运上一艘当时最时髦的巨轮。为了慎重起见，还将她安置在船长室附近，希望她能安安稳稳地一路抵达纽约。这艘巨轮就是人所周知的"泰坦尼克号"。最后，在这次航行中，"泰坦尼克号"沉入了海底，而

泰坦尼克号

亚蔓蕊公主木乃伊也永远沉入了大洋深处。

■ 木乃伊身上的水晶起搏器

古埃及的木乃伊以其众多而闻名于世，以其保存完好而令世人惊叹。到目前为止，在埃及这块神秘的土地上，人们已经挖掘出了多少木乃伊，无确切的统计。在它那里究竟还存在多少未被发掘的木乃伊人们也无法估

计。所以，在埃及这一考古学家的天堂，他们总是有着许多工作去做，有着许多神秘的面纱在等待着他们去揭开。随着一项项工作的展开，一具具木乃伊的出土，也给世界带来一次次的震惊……

在埃及卢索伊城郊外，又有一具木乃伊出土了，人们将其抬出墓穴，准备进行初步处理后，再交由国家文物部门收藏。这时一名参与处理工作的祭司在工作过程中，似乎觉得这具木乃伊存在着某些与众不同的地方。于是，他对眼前的木乃伊进

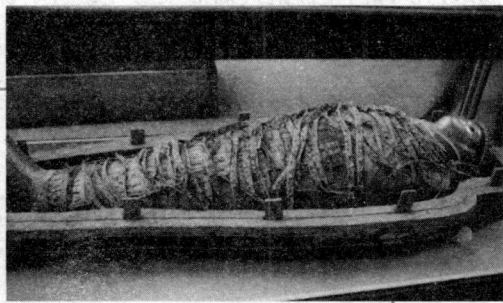

木乃伊

行了仔细的检查，发现从这木乃伊体内发出了一种奇特的有节律的声音，这更激起了他的好奇心。他循着声音找去，发现声音来自心脏的位置上，仿佛是心脏在那里跳动时所发出的声音。这一发现使人们大感诧异，死者的心脏还在跳动这很难让人接受。

至于究竟是什么东西被藏到了这木乃伊的心脏里了呢？人们无法知道，也不敢去拆开那缠满白麻布的尸体去探究其中的奥秘。他们立即组织人将其原封不动地送到了坚南医生的诊所，坚南医生面对这奇特的木乃伊也不敢贸然行事，立即将其转送到了具有丰富经验的开罗医院。

开罗医院接到这具转送来的木乃伊后，立即组织了一些专家对其进行了检查，从尸体的表面人们无法查清其声音所存在的原因，于是决定进行解剖检查。医生们拆开了麻布，对尸体进行了解剖，这时在尸体心脏的附近发现了一具起搏器。人们可以很清楚地听到这具起搏器促使心脏跳动的声音，而且跳动很有节奏。医生们计算了一下，发现他每分钟都跳动 80 下。虽然这个 2500 年前的心脏早已干枯成为肉干，但它还是随着起搏器的韵律而跳动不止。

医生们对这个能在 2000 多年后仍然跳动的黑色起搏器发生了兴趣，想弄明白这究竟是一个什么样的起搏器，它又是以什么作为动力来起搏的。于是，医生们利用先进的仪器对其进行了测试，发现这一起搏器是由一块

黑色的水晶制造的。由于这黑色的水晶含有放射性物质，故而他能凭借自身的功能在那里不断地跳动。

医院将他们的这一重大发现公布于众，同时又将这个起搏器重新安放到木乃伊体内，任由人们前来参观。这一惊人的消息不仅吸引了众多的考古学家，还吸引了大批电子学家，他们从世界各地纷纷赶到开罗医院，参观了这具身藏心脏起搏器的木乃伊，大家都对这神秘的起搏器叹为观止。

我们知道，在世界上现存的水晶中，人们所见到的只有白色和少数的浅红色或紫色的 3 种，而从未有人见过黑色的水晶，而这黑色的水晶来自何方呢？还有，在 2500 多年前是什么人能懂得这黑水晶含有放射性的物质可以使心脏保持跳动呢？同时，人们又提出：做为心脏起搏器，它一定是在人活着的时候被安放到人体内，以协助人的心脏工作的。那么在古埃及的医学条件下，当时的人们又是如何将这起搏器放入人的胸腔里去的呢？这一系列令人难解之谜引起了专家们的思考。

对于这些疑问，有些专家认为：这有可能是在很早之前，外星人曾来到过这里，并带来了他们特有的黑色水晶所制成的心脏起搏器，在地球人的身上进行了一项特殊的试验，使这只起搏器永远的留在这具木乃伊的体内。也有人认为：在文化发达的古埃及可能存在过一些具有特殊能力的术士，是他们利用了奇异的手段创造了这一历史奇迹。但是，对于这些说法，许多人还不能表示认同。看来，这又将成为一个谜团等待人们去探索。

■ "百门之都" 的兴衰

在公元前 14 世纪中叶的古埃及新王国时期，尼罗河的中游曾经有一座当时世界上无与伦比的都城。这就是被古希腊大诗人荷马称为"百门之都"的底比斯。底比斯是一座充满神奇色彩的古城，它的兴衰是整个古埃及兴衰的一个缩影。

从公元前 2134 年左右，埃及第十一王朝法老孟苏好代布兴建底比斯作为都城，直到公元前 27 年，底比斯被一场大地震彻底摧毁时止，在 2000 多年的漫长岁月里，底比斯在古埃及的发展史上始终起着重要作用。

底比斯横跨尼罗河两岸，位于现今埃及首都开罗南面 700 多千米处，底比斯的东岸，是当时古埃及的宗教、政治中心。底比斯的西岸，是法老们死后的安息之地。底比斯在埃及古王国时期，是一个并不出名也不很大的商道中心。但无论是通往西奈半岛和彭特的水路，

古埃及新王国时期底比斯遗址

还是通往努比亚的陆路，都要经过底比斯。底比斯的兴盛是跟阿蒙神联系在一起的。法老孟苏好代布把首都定在底比斯后，又将阿蒙神奉为"诸神之王"，成了全埃及最高的神，从此开始在底比斯为阿蒙神大兴土木。就这样，底比斯在古埃及历史上的重要地位就这样被奠定了下来。

到了公元前 2000 年左右，虽然第十二王朝的开创者门内姆哈特一世曾把首都从底比斯迁到孟斐斯附近的李斯特，但在底比斯仍然为阿蒙神继续兴建纪念性建造物。从公元前 1790 ~ 前 1600 年，古王国遭到了外族喜克索斯人的入侵。喜克索斯人征服了大半个埃及，最后定都阿瓦利斯，建立了第十五王朝和第十六王朝。底比斯经历了第一次衰落。

后来，埃及人在阿赫摩斯一世的率领下，又在底比斯建立了第十七王朝，并在公元前 1580 年左右攻占了阿瓦利斯城，把喜克索斯人赶出了埃及，开创了古埃及新王国时代。新王国时期的法老们再次选定底比斯作为埃及的宗教、政治中心。他们还发动了一系列侵略战争，掠取了大量财富和战俘，并把底比斯建成当时世界上最显赫宏伟的都城。他们在东底比斯为阿蒙神和他们自己建起了一座座壮观的神庙和宫殿。

底比斯阿蒙神庙主殿完成于拉美西斯二世在位时期，其总面积达到 5000 平方米，有 134 根圆柱，中间最高的 12 根大圆柱高达 21 米，每根柱顶上可以容纳 100 多人，可见其规模之大。另外，像路克索尔寺院、拉美西斯二世宫殿、阿蒙诺斐斯三世寺院等等，也都十分庄严宏伟。与此同时，他

们又在西底比斯修建了一系列工程浩大的陵墓，其中尤以著名的拉美西斯二世墓和图坦卡蒙墓更为豪华。

不过，法老们鉴于过去由于兴建起来的金字塔陵墓太引人注目，虽然防范措施严密，还是不免遭到盗墓者侵袭的结果。于是他们经过反复琢磨，决定不再建造巍然屹立的金字塔陵墓，而是把荒山作为天然金字塔，沿着山坡的侧面开凿地道，修建豪华的地下陵寝。

底比斯阿蒙神庙的石柱

在西底比斯一个不显眼却又盛产建筑材料石灰岩的山谷里，法老和权贵们为自己修造了一座座陵墓。这个山谷被后人称之为"帝王谷"。

法老们的这种做法果然收到效果。在很长一个时期里，"帝王谷"也没有被人发现。但是，随着时间的流逝，这里的陵墓还是被盗墓者一个个地洗劫一空。不过，有一座法老的陵墓却奇迹般地逃脱了厄运，静悄悄地沉睡了3300多年，直到1922年才被英国考古学家卡特博士发现。这就是我们在前边提到过的法老图坦卡蒙墓。图坦卡蒙墓之所以能在几千年里没有被人发现，是因为在这座墓的上层，又有许多其他法老的墓，而在地面上贫民们又盖上了许多茅舍。图坦卡蒙的3间墓室里还发现了数不胜数的金银财宝，由此可见新王国时期埃及法老们的豪华了。

第二十一王朝以后，随着底比斯统治集团内部矛盾的不断加剧，加上爱琴海和小亚细亚一带的"海上民族"的不断入侵，新王国日益衰落，底比斯也开始了自己的厄运。公元前663年左右，亚述军队入侵埃及，并再次火烧、洗劫了底比斯。公元前27年，一场地震又使底比斯城里仅存的一些纪念性建筑物全部倒塌无疑。至今，人们只能看见一些断垣残壁了。

神秘的飞机模型

1903 年，人类制造出了地球上第一架飞机，开始进入了航天时代。但是，在埃及，考古学家们却发现了 4000 年前的飞机模型和浮雕上的飞机图案。人们开始疑惑，4000 年前的古埃及人就看见过或者发明了飞机吗？

1898 年，在埃及一座 4000 多年前的古墓里，有人发现了一个与现代飞机极为相似的模型。这个模型是用当时古埃及盛产的小无花果树木制成的，重量为 31.5 克。因为当时的人们还没有飞机这个概念，所以就把它称之为"木鸟模型"。这个模型现在还摆放在开罗的古物博物馆，编号为"物种登记"第 6347 号，放在第 22 室。

1969 年，考古学家卡里尔·米沙博士获得特许进入了这个博物馆藏有"木鸟模型"的古代遗物仓库。在这里，米沙博士看到了许多像飞鸟一样的模型。这些飞鸟模型有个共同特点，就是都有鸟足，整体形状半人半鸟。而这个"木鸟模型"除了头有些像鸟外，其他部分都跟现在的单翼飞机差不多，它也有一对平展开来的翅膀，一个平卧的机体，尾部还有垂直的尾翼，下面还有脱落的水平尾翼的痕迹。

为了弄清这架飞机模型的本来面目，米沙博士便建议埃及文化部组成特别委员会进行专门调查研究。

1971 年 12 月，由考古学家、航空史学家、空气动力学家和飞行员组成的委员会开始了对这架飞机模型的测量研究。经鉴定，许多专家认为，它具有现代飞机的基本特点和性能：机身长 14.22 厘米，两翼是直的，跨度 18.29 厘米，嘴尖长 3.3 厘米，机尾像鱼翅一样垂直，尾翼上有像现代飞机尾部平衡器的装置。尾翼除外形符合空气动力要求外，还有反上反角的特点，使机身有巨大的上升力。机内各部件的比例也很精确，只要稍加推动，还能飞行相当一段距离。所以，一些专家们断定，这决不是古埃及工匠给国王制造的玩具，而是经过反复计算和实验的最后成品。

后来，在埃及其他一些地方，人们又陆续找到了 14 架这类飞机模型。由此我们可以推断，古埃及人对飞机并不是很陌生。但也有些人认为：在

23

几千年前，人类是根本不可能制造出飞机的，而这些飞机模型，都是外星人在地球上留下的制品。

此外，在古埃及浮雕之上，考古学家发现有先进的飞机图案出现。

1979年，在埃及东北部一个荒芜沙漠中，英籍考古学家韦斯发现一所古庙遗址，起初他只是将其当成一座普通的废弃庙宇。不过，当韦斯细看庙宇的壁画时，却在其中一处浮雕壁画中，发现一个与现今飞机形状极其相同的浮雕，以及一系列类似的飞行物体。这些不规则图案，可能是当地人记载见闻的方法。浮雕上除了飞机样子的图案外，还有一些不明飞行物体的图案，很像被现代人冠以 UFO 的飞碟。

直到现在，人们还很难断定4000年前的古埃及人有否看过飞机或其他飞行物体。但一些人坚持认为，地球上远古的高度文明是由外星人传来的。古埃及人是否真的曾经接触过外星人呢？我们仍然无法确知。

■ 古埃及发现天狼星之谜

在北半球的冬季夜空里，有一颗格外明亮闪烁的星星叫天狼星。作为一颗不同寻常的星星，天狼星它有着双重星球系统身分：我们所见为天狼星A。天狼星B则围绕在天狼星A周围，只是因为其体积太小，我们的肉眼无法看见罢了。美国天文学家艾尔文·克拉克直到1862年才用当时最大、最新的天体望远镜，发现了它的存在。这也是世人第一次见到天狼星B。

然而，在古埃及金字塔的经文中，不仅早在哥白尼和伽利略之前数千年之前就生动地解释了太阳系的运动，还记载着有关天狼星双重星球系统身份的文字。人们迷惑不解，不知道金字塔经文的撰写者是如何得知天狼星是双重星球系统的呢？

针对这些疑问，美国作家罗伯特·邓波尔在他出版的《天狼星之谜》这本书中说：他发现，西非多冈族的宗教信仰也是以天狼星为中心的。

多冈人居住在马里共和国廷布克图地区的南部山区，是非洲仍然保持着原始丛林生活的土著民族之一。在过去的几个世纪，这个非洲部落受到了基督教和伊斯兰教的影响，但却仍然保持了其独一无二的传统和详尽的神话传说，由于它们与大多数其他非洲部落的传说和神话不同，因而受到了许多人种科学家的重视。

1930 年，两位法国人种学家马赛尔格里奥列和乔迈狄泰伦深入到多冈原始部落中，收集了许多独特的神话和传说。没想到，多冈人的神话传说中，他们竟意外地发现了天文学家争论了一个世纪的天狼星色变之谜。

天狼星是夜空中最明亮的星星之一，尽管它距地球 8.7 光年

傍晚时分的天狼星

之遥，但在晴朗的夜空，人们用肉眼依稀能够看得到它。不少的古代天文著作，都记载着天狼星是深红色的，而现代人眼中的天狼星却是白色的，天狼星的颜色为什么会发生变化呢？这个问题一直困扰着人们。

但是，这个谜团多冈人却能够解开，他们告诉法国科学家，天狼星是由一颗大星和一颗小星组成的，小星是一颗黑色的、密度极大而又看不见的伴星，它在椭圆轨道上围绕大星运动。他们还知道小星运动周期的两倍是 100 年，他们世代相传，天狼星是天空中最小而又最重的星，有一种地球上没有的发光的金属物质，在一次事故中，天狼伴星突然爆炸并发生强烈的光，以后便逐渐暗淡了。尽管多冈人肉眼看不见这颗暗淡的伴星，老人们却能用手杖在地面上划出这两颗星的运行路线和各种图形。

在近代，最早提出天狼伴星假说的是德国天文学家贝塞尔，时间是 1834 年。他认为，天狼星运动中的微小摆动是一颗伴星重力吸引的结果。30 年后，美国的天文学家克拉克才首次看到了它。它是一颗白矮星，天狼星与它相互环绕的周期为 50 年，它体积很小，直径和地球差不多，光亮是太阳的 1/360，但其密度非常大，质量与太阳差不多。

多冈人对天狼星知识的了解可以说既详细又准确。他们也如我们一般，

25

联想到了天狼星有一颗看不见的伴星。多冈人把这颗伴星叫做"谷星"，这大概由于它小得几乎无法看见的缘故吧。

多冈人说，"谷星"是由现在人们所知道的最重的金属所构成，这种金属甚至比铁还要重。这即意味着，多冈人知道天狼星B具有很大的密度，多冈人还画了许多有关天狼星系统的图画，这些画表明多冈人了解天狼星B绕天狼星A转动的轨道是椭圆的，处于中心位置的是天狼星A。根据多冈人的传说，绘出的天狼星和"谷星"摆动轨道图与现代天文学家所绘的天狼星B和A所绘的同一种图竟然十分地相似。

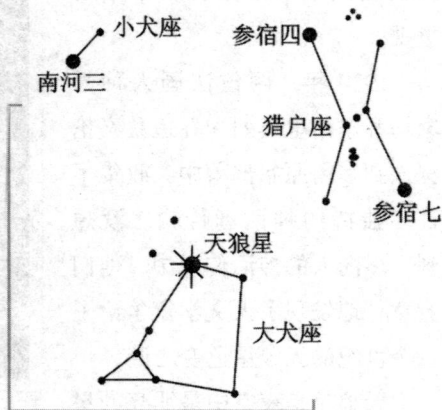

天狼星属大犬座，与猎户座和小犬座相邻

多冈人还介绍说，他们祖辈关于天狼星B的知识，是一位名叫"偌默"的神传授的。多冈人至今还保存着一张画，上面清楚地画着，他们信仰的"神"乘坐一艘拖着火焰的大飞船从天而降，落到他们氏族来的情景。

多冈人的天文学传统并不仅仅限于天狼星。他们说木星有4个月亮而土星则有光环，他们将这2颗行星在他们所绘的图中表现了出来。

让人感到不解的是，无论是古埃及人，还是希腊人，乃至后来文艺复兴前的欧洲人，从来没有掌握过这么高深的天文资料。他们所有的知识真的是外星人传授的吗？人们还不得而知。

世界上最早的纸

众所周知，造纸术是中国的四大发明之一，所以，人们将中国称为纸的故乡。但是，在1898年，考古学家们从开罗附近法老的墓葬品中发现了一些绘制精美的纸画。而这些纸画距今至少存在5000年了。这一消息传出，顿时引起了考古界的震惊。

与中国早期用树皮和麻布做原料来制造的纸完全不同，古埃及人的这种纸画所采用的纸直接取自尼罗河三角洲生长的一种水草。这种水草名叫纸莎草或纸草。这种草丛生着修长的叶子，中间伸出一根根大拇指粗的很长很长的茎杆，最长达 5 米，顶端开花，状似灯心草。古埃及人将他们的茎杆割下后切成一段段，削去绿色的外皮，再将里边甘蔗一般白色的茎心切成极薄的片儿，在水中浸泡 6 天之后取出，用圆形木棍擀去茎片里的水分和糖分，以防生虫，然后把这些薄薄的茎片像编竹席那样编成一张张，放在重物下轧平，便成了一种草制的纸。

这种草纸光洁柔韧，具有很大的弹性，纸面上有草茎的纤维经纬交织，非常美观。而且纸莎草纸经过编织与粘接，可以很大。在出土的纸莎草纸中，最长的竟有 40 米。它的使用价值也就很高。

自从古埃及人有了纸莎草纸后，他们的文化变得更加灿烂辉煌。他们用纸记录

古埃及人用来制纸的纸莎草

他们的生活、事件、思想、宗教等，从而使他们的文化得到了积累，有了珍贵的文献流传后世。

在古埃及，其象形文字和祭司体文字都必须由书记官来完成，而这个书记官又必须具有高度书写才能，所以这种书写在纸莎草纸上的古代书法都非常精美。同时，富于才华的古埃及人，又将他们画在石壁上、泥板上和陶片上的美丽的图画，搬到纸莎草纸上来。由此而诞生的纸画便成了古埃及艺术最富魅力的形式之一。

纸莎草纸本来的颜色是棕色，有的或深些，有的或浅些。古埃及最早使用的书写墨水是黑色与红色。红色如同砖红，黑色则与墨的颜色接近。

古埃及的纸画以线描为主，线条中没有情绪，力求勾画准确；线条中间平涂色彩，这些颜料都是使用动植物和矿物的原色，故而绚丽明朗，富于装饰意味，与早期中国工笔重彩十色酷似。还有，他们使用的笔也是用这种草茎削成的，茎秆柔软，因此线条不会给人尖锐锋利的感觉。

古埃及的文化在阿拉伯征服后渐渐消失，纸画也随之消亡。直至1798年，拿破仑的军队进入埃及，古埃及的文明才被重新发现并惊动了全世界。100多年来，随着西方考古家蜂拥到达埃及，发掘法老墓葬，纸画才得以重见天日。但此时它仅仅是珍奇的历史文物，古老的造纸技术却久已失传，世无人知了。

后来有个名叫哈桑·拉加卜的埃及人，他对古代的纸莎草纸有着相当特殊的兴趣。1968年他退休后，潜心研究纸莎草纸制造技术，并终于找到了古人的方法，仿制出来了纸莎草纸。他还将古埃及的绘画成功地再现在纸莎草纸上。

从公元之始，随着法老时代的结束，纸莎草纸的制造中断了2000年。这期间正

精美的古埃及纸画

是中国的造纸技术通过丝绸之路传到了西亚、近东和欧洲，其中也包括埃及。所以，人们才把发明纸的功劳全部归功于中国。但是，我们应该说，古代人类的造纸有两个源头，一个是埃及，另一个是中国。由于古埃及历史中断，造纸技术一度失传，对人类文化的发展则失去影响；中国的历史却延绵不断，造纸技术传布世界。

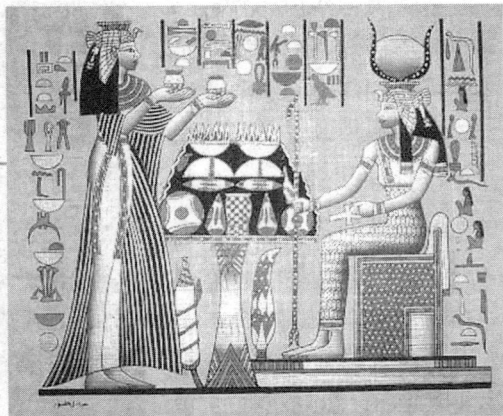

探索神的国度

希腊的新石器文化来源之谜

我们知道，在距今 9000~1.1 万年前，新石器文化首先在西亚出现，它经历了无陶和有陶 2 个发展阶段。

欧洲新石器文化的发生比西亚晚。希腊的新石器文化出现在距今 9000 年左右。于是，人们便认为希腊的新石器文化是从西亚输入的。其理由很简单：希腊位居南欧，紧邻西亚，无论文化输出还是输入，二者都极方便。还有就是希腊没有新石器文化中几种主要动植物的野生品种；希腊新石器文化的农具同西亚的先人所用的一样。

希腊最早的前陶新石器时期居地位于帖撒利的阿吉萨遗址。此地已发掘的地区长约 80 米，已清理出 6 个深 0.3~0.6 米的椭圆形坑穴。坑穴中有洞，可能用以立木支棚。这些坑穴是当时人的居所和库房。

在西亚伊朗的巴昆新石器时代
遗址出土的女神陶像

在帖撒利的新石器前陶阶段遗址还有塞斯科罗、阿希利昂、索福利、耶迪基等地。塞斯科罗遗址的居所与阿吉萨的大体相同，只是有的坑穴是四边形的，并且这些居所的样式不同于东方。比如，耶利哥的房子是用泥坯垒成的，而哈希拉的房屋则为石基，泥坯墙。住所的结构如此不同，引起了人们的注意。

在养殖业和种植业方面，帖撒利这些居民与西亚的农人比较相近。这几个遗址都以农业为主，主要的农作物有大麦、小麦、谷类、扁豆等，饲养山羊、绵羊、牛、猪。这些动植物中，大麦和小麦可能引种自西亚，但其他品种极可能是土生土长的。因此，这些希腊新石器文化前陶阶段的地区性特点使得希腊新石器文化源自西亚之说显得证据有些不足了。

对希腊新石器文化源头之探索，还有一个地方使人扑朔迷离，那就是位于伯罗奔尼撒半岛东北部的福朗荷提遗址。该址地层中文化遗存起自距今2.5万多年前的旧石器时代晚期，持续到距今5000年前的新石器时代之末，其间几乎从未中断。在公元前1.2万～前1万年的地层中，出土了大量黑曜石工具。这些黑曜石来自距此地海路有150千米之遥的米洛斯岛。当时的猎人和采集者的猎获物中，除了大量赤鹿以外，还有野山羊、野生燕麦和大麦及几种豆类，后来又猎获野猪。中石器时代，此地居民大多以捕鱼为生。

公元前7000年左右，这里发生了突变。虽然居址的文化层次没有中断的迹象，但这些地层中的遗物却与先前大不相同：绵羊、山羊的骨头大量出现。这些动物不像是野生的，而是经过训养的；还出现了可能是家种的小麦和大麦；新的

黑曜石

工具也纷纷问世。装有把柄的斧子、燧石刀、磨石等为前所未有。这一切

表明，福朗荷提的居民已经开始从事动物饲养和农业生产，进入了无陶新石器阶段。待到公元前 6000 年，福朗荷提地区进入了新石器时代有陶阶段。这时，人们有了定居的家屋，形成了小村落。人们饲养绵羊和山羊，种植大麦、小麦，使用密色燧石和黑曜石制成的镰刀、刮削器、箭头等器具。他们的陶器很粗糙，石质器皿仍没有被丢弃。人们的生活水平提高了，更喜欢打扮自己，大量制造装饰品，如垂饰和有孔小珠等等，还有人像和动物像。此地的墓葬更值得注意。一方面，新石器时代的墓葬通常与中石器时代采用相同的形式，葬地似乎很随便地分布在居地之内（洞内或沿岸），并无专门的地方；另一方面，在新石器时代的后一阶段，出现了同西亚某些地方相同的二次埋葬方式，即先将尸体暴露或暂时埋葬，让软组织腐烂，然后把骨头捆扎成束放到他的最后葬处。

总而言之，福朗荷提新石器时代遗址在主要方面属东地中海早期村落农业公社类型。从文化层次看，这一遗址自旧石器时代末到中石器时代，确实没有受到外来干预；新石器文化的出现尽管有些突然，但也是从无陶到有陶阶段，整个文化系统是连续未断的。

但是，对于福朗荷提的文化系统是否自始至终完全是土生土长的，还是来自西亚，人们还是一直争论不休。另外，从年代上看，也存在小小的疑团。据测定，塞浦路斯的新石器前陶遗址霍罗基蒂亚其年代为公元前 6020 年；克里特的克诺索斯前陶文化层定年为公元前

希腊出土的大约公元前 7000 年
左右的谷物罐上的图案

6100 年；而帖撒利的几个前陶阶段遗址的年代均在公元前 7000 年；福朗荷提的同期文化层年代却在公元前 7000 年，或稍晚些时日。对于这些年代与新石器前陶阶段发生发展的地区关系，人们又将怎样解释呢？恐怕人们一时难以做出正确的回答。

31

突然消失的米诺斯文明

相传位于爱琴海地区的克里特岛，早在公元前 16 世纪左右进入青铜时代，并且出现了一个强大的王国，国王米诺斯在流传颇广的希腊神话中，被说成是天神宙斯和腓尼基国王阿革诺耳的女儿欧罗巴之子，娶太阳神的女儿帕西法埃为配偶，成为克诺索斯的最著名的国王。因此，克里特的青铜时代文明被命名为米诺斯文明。

爱琴海是希腊文明的摇篮

对米诺斯这个名字，在古希腊历史学家希罗多德、修昔的底斯等的著作里都曾提及，修昔的底斯在《伯罗奔尼撒战争史》中说："根据传说，米诺斯是第一个组织海军的人，他控制了现在希腊海的大部分，他统治着西克拉底群岛。"但真正解开这个谜团的是著名的英国学者阿尔图·伊文思。

克里特岛鸟瞰图

伊文思给这个青铜时代文明划分 3 个阶段：早期米诺斯阶段（EM）、中期米诺斯阶段（MM）和后期米诺斯阶段（LM），每个阶段又各分为 3 个时期，有的时期甚至还作了更细的划分，例如，后期米诺斯第三期 A（LM-HIA），后期米诺斯第三期 B（LMⅢB）等。在伊文思分期的基础上，考古学家根据陶器风格，为米诺斯文明制定了一个更加精确的分期表：

早期米诺斯

第一期：公元前 2800～前 2500 年；
第二期：公元前 2500～前 2200 年；
第三期：公元前 2200～前 2000 年；

中期米诺斯

第一期：公元前 2000～前 1900 年；
第二期：公元前 1900～前 1700 年；
第三期：公元前 1700～前 1550 年；

后期米诺斯

第一期 A：公元前 1550～前 1500 年；
第一期 B：公元前 1500～前 1450 年；
第二期：公元前 1450～前 1400 年；
第三期 A：公元前 1400～前 1300 年；
第三期 B：公元前 1300～前 1200 年；
第三期 C：公元前 1200～前 1050 年。

米诺斯文明的证据是很多的，但最主要的证据是王宫和文字。约公元前 2000 年后不久，在克诺索斯、马里亚、法埃斯图斯和扎克罗先后建起了第一批王宫。这些王宫的风格与新石器时代的村庄建筑风格比较已经相去甚远，然而在东方的叙利亚海岸的乌加里特和幼发拉底河上游的马里却可寻觅到这些风格的蛛丝马迹。此后，直到希腊人在克里特岛建立国家之日，东西方在政治制度上才出现明显差异。在中期米诺斯第二期结束前，法埃斯图斯有了音节文字，伊文思称之为"线形文字 A"，以别于后来的"线形文字 B"。在中期米诺期第二期间，第一批王宫被毁或遭严重破坏。一般认为，这是由一次地震或多次地震造成的。

到中期米诺斯第三期，克里特岛重新建起第二批王宫，其规模之大，远远超过第一批王宫，两批王宫虽不十分相像，但在设计上并无明显差别。它们的最主要特点是都有宏伟的中央大厅。大厅长约51.82米，宽约24.38米，只有扎克罗的王宫中央大厅较小。这种大厅明显用于公共仪式和集会之目的。

在克里特岛的第二批王宫中，首推克诺索斯王宫最为壮观。第二批王宫无疑是克里特岛繁荣昌盛的标志。但是，克里特岛的这个伟大的时代约从公元前1650年持续到

米诺斯的线形文字 B

1450年便突然结束了。法埃斯图斯、马里亚和扎克罗王宫变成一片瓦砾和灰烬。这场灾难甚至扩展到乡村地区，在古尔尼亚等小镇，发现了遭破坏的痕迹。但是，令人不解的是，在被发掘出的王宫中，只有克诺索斯王宫得以幸存。

克诺索斯王宫的毁灭之谜

1900年3月，伊文思率领一批考古学者开始在克里特岛的克诺索斯进行发掘工作，发掘工作进展非常顺利，不久，就发现了一个规模极大的宫殿遗迹。这座宫殿依山而筑，离中央克里特北岸4000米，占地面积总计16000平方米，高低错落有致，中央是一长方形的庭院，周围环以国王宝

殿、王后寝宫，以及有宗教意义的双斧宫等房舍建筑，其间有长廊、门厅、复道、阶梯等错杂相联，千门百户，曲折通达。宫里有水管和浴室设备。墙壁上有琳琅满目的浮雕和绘画，陈列着精美的陶器、织物和金银象牙制成的奢侈品，宫外西北角的场地可能是表演斗牛戏的剧场。这就是克诺索斯王宫的遗址。

在克诺索斯王宫的遗址中，伊文思发现 3000 多件泥版，上面的文字不同于其他王宫的泥版上的文字。他认为，这是继"线形文字 A"之后创造出的另一种线形文字。他给这种文字命名为"线形文字 B"，遗憾的是，尽管这位考古学家对破译"线形文字 B"很感兴趣，但是他毕竟未能如愿以偿。

1939 年，考古学家布莱根在希腊大陆的美塞尼亚发现一处新王宫。这个王宫中的首批发现物就是大量泥版。这些泥版上的文字与克诺索斯王宫的"线形文字 B"是同样的。年轻的英国建筑师米凯尔·文特里斯对这个新发现进行研究，证

克诺索斯王宫壁画

明线形文字 B 泥版记录的是前荷马时代的希腊语。不过，这些泥版所述的内容全部是管理方面的细情，对社会和经济状况的解释断断续续、矛盾百出。此外，这些泥版既没有告诉我们希腊人究竟是于何时和怎样占领克诺索斯的，也没有告诉我们，他们同当地居民的关系怎样，甚至没有提"米诺斯"的名字。这样，就不能不给研究者们留下许多疑案。

但是，对于克诺索斯王宫毁灭的原因和时间，人们做了种种推断，其

见解大体可归纳为以下几种：

一、铁拉火山喷发说

曾任希腊考古所所长的马里那托是研究铁拉火山（今之桑多里尼）的喷发同克里特岛之间关系的第一位考古学家。早在 1939 年他就认为，克里特岛北岸的一系列破坏是巨大海浪造成的。有证据表明，约公元前 1500 年，桑多里尼发生过一次可怕的火山喷发。

学者们对这次火山喷发的强烈程度不表疑议，因为该岛的全部居址均被埋在熔岩和灰烬下面。当岩浆从火山口喷出后，海水涌入山口，并冲破围绕火山的陆地圈，形成分离的铁拉三岛。铁拉火山喷发可能影响到更广阔的地区。喷发时的爆炸力会把岩浆和山灰抛入空中。然后，这些物质顺着风势，降落在克里特岛东侧两岸地区，形成厚厚的堆积层，致使那里的土地在一段时间内无法耕种。由于海水涌入火山喷发后所形成的真空地带，因而形成 100 英尺高的波涛。这种巨涛长达数百英里，很可能对克里特岛北岸居址造成巨大破坏。

但是，陶器定年是把克诺索斯王宫的毁灭同这次铁拉火山喷发联系起来的巨大障碍。铁拉岛东侧的阿克洛提里的居民因得到地震的警告，在火山喷发前疏散了。那里被发现的疏散期间的陶器属于后期米诺第一期 A，而从克里特诸王宫毁灭层发掘出的陶器则属于后期米诺斯第一期 B，前后相差至少 50 年。

为了解决上述定年上的不一致，佩吉提出一种新见解。他说，导致阿克洛提里居民疏散的原因是早有预兆的地震，然而实际火山喷发却是在 20 年或更长的时间之后，同时伴随着大地震。这次地震是克里特岛遭受破坏的原因。这种说法虽然差强人意，但是并非无懈可击，因为佩吉没有解释克里特岛大火的证据。众所周知，地震伴随大火只是例外，而非常规。鉴于距克诺索斯只有 11.26 千米的提里苏斯的建筑物被烧成灰烬，人们也难以指望克诺索斯会保存下来。此外，佩吉的说法还有另一个缺陷，那就是在阿克洛提里的预先地震警告和火山喷发之间有很长一段间期。于是，在法埃斯图斯和马里亚的发掘者们又提出一种人为暴力破坏说。

二、希腊人摧毁王宫说

如果说克里特诸王宫的毁灭是由人的暴力造成的，那么，破坏者不是克里特人，就是希腊人和其他外来者。

哈孟德不同意克里特人是王宫毁灭者的说法。他说，有些人把王宫毁灭归于反对克诺索斯的希腊统治者的岛民起义，但是克诺索斯不是单独被毁的；灾难的范围太大，不可能是当地各族的内战引起的。

贝里也有类似的看法，他说，王宫的毁灭不是社会革命造成的，因为社会革命的观点难以解释小镇古尔尼亚的毁灭。在克里特社会中，这个小镇的居民以中等家族为主，财产似乎没有过分集中。在克里特岛大多数遗址上发现的大量印章使人看到了许多中产阶级占有财产和企图出卖自己财产的情景。在一些城镇中，大家族和小家族的分化并不明显。他认为，比较可信的答案是，来自希腊大陆的希腊人（很可能来自阿尔戈利德），未经激烈战斗，便控制了克诺索斯，并把自己的政敌摧垮了。

贝里进一步解释说，当克诺索斯王宫毁灭时，它本身正处在繁荣期，精美的制品依然出自当地的匠师之手。王宫贮油达 25000 加仑（1 加仑 = 4.5461升）以上，主要容器是王宫西侧的陶制大油罐。克诺索斯王宫大概用这种油从国外换回宫廷建筑和奢侈生活所需的金属和珍贵石料。所有这一切都是希腊人到来之前发生的。约公元前 1450 年，来自希腊大陆的希腊人入侵克里特岛。他们在克里特人的帮助下，为希腊语发明了"线形文字B"。不过，日常管理的记录形式可能仍是克里特人的发明。后来，这些控制克诺索斯的希腊人积累的经验传到希腊大陆，在那里也建起了巨大的王宫，同时，按照克里特的模式，发展王室经济。但是，贝里坚信，克诺索斯王宫最后被毁是在迈锡尼和武拜达到鼎盛之前，很可能这些大陆希腊人为了除掉自己的竞争对手，把克诺索斯王宫摧毁了。

然而，哈孟德反对迈锡尼希腊人摧毁克诺索斯王宫说。他说，这场灾难过后，没有立即出现迈锡尼人在克里特岛殖民的迹象；希腊的民间回忆录也没有记述过这样的入侵。哈孟德认为，更加可能的是，克诺索斯和其他克里特遗址的毁灭是巨大海浪冲击的结果。在此期间，东部地中海的海

盗联合起来，推翻了克里特的海上霸权，攻陷了这个岛屿，然后带着他们的战利品撤走了。

三、伊文思的地震毁坏说

认为克诺索斯和其他城市同时被毁的说法遇到了棘手的问题，因为根据对陶器的分析，人们发现，当其他王宫毁灭后，时过50年或更长一些时间，克诺索斯王宫才遭到巨大破坏。于是，大多数考古学家和历史学家又都回到伊文思的看法上来。伊文思认为，克诺索斯王宫的毁灭是地震造成的，同时。他把毁灭的时间定在约公元前1400年。

然而，考古学家帕默依然没有苟同伊文思的结论。他把克诺索斯王宫的毁灭定在约公元前1200年前。这就是说，克诺索斯王宫和希腊大陆的迈锡尼文明的巨大中心是同时被毁的。帕默认为，在此之前，仅有一些较小的破坏而已。照此看来。迈锡尼时代的希腊人统治克诺索斯长达200余年。克诺索斯的泥版和派罗斯的泥版是同时代的，两个中心仅在语言上存在差异。为了证明自己的论点，帕默还对比了伊文思的笔记和后来发表的文章，然后指出伊文思的错误和自相矛盾的地方。

最后，著名学者波法姆经过仔细分析，证明伊文思的解释基本上是正确的。不过，他做了某些修正。他认为，公元前1350年发生一次大破坏。这次大破坏的时间比伊文思所说的克诺索斯毁灭的时间足足晚了50年。

另外，对于创建克里特岛宫殿的是何种族，他们来自何方，人们也存在着疑问。

为揭谜底，史家各抒己见，归纳起来约有5种说法：第一种意见认为克里特人就是腓尼基人或阿拉伯人；第二种意见认为他们来自非洲；第三种意见认为应把克里特人归于"印欧种族"；第四种意见认为克里特人就是希腊人；第五种意见认为克里特人接近于卡里亚人和伯拉斯革人，因此也就接近巴斯克人、意卑里亚人、利古里亚人、伊特拉斯坎人以及其他民族，包括高加索居民在内。但是，对于这些说法，至今人们还没有达成一致。

是谁创造了迈锡尼文明

所谓迈锡尼文明，指的就是希腊大陆青铜时代的后期文明。

3000 年来，人们对这一文明的了解只能来自神话传说，而其"庐山真面目"则被迈锡尼城门上的石狮静静地守护着。直到 100 多年前，谢里曼开始发掘迈锡尼城，迈锡尼文明的神秘面纱才被慢慢揭开。又经过几代考古学家辛勤工作，迈锡尼时代的大量居民遗址、王宫、城墙以及线形文字 B 泥版等才重新见到天日。

谢里曼，几乎对荷马史诗的每一个词都笃信不疑，他更坚持认为，如史诗所言，迈锡尼城的统治者是阿特柔斯家族。他甚至把出土的一具金面具认作是阿伽门农的。而研究结果表明，这面具在公元前 1580 年左右制成。也就是说，即使果有阿伽门农其人，那时他也尚未出生。

寂寞的迈锡尼城狮子门

另有人提出，迈锡尼的统治者们源自腓尼基。人们熟知的卡德莫斯寻找妹妹欧罗巴的故事，可能是腓尼基人来到希腊大陆的旁证。

伊文思，这位对米诺斯文明的研究工作作出极大贡献的人却认为，迈锡尼文明是米诺斯文明殖民扩张的结果。他指出，迈锡尼文明是突然出现的。生活突然改变，文化水平达到了克诺索斯新王宫初期末段（公元前 1600 年）的程度。居民从农民和牧人突然变成了市民、艺术家、商人、水手；无论男女都着米诺斯式服装，佩米诺斯式首饰，宗教上采用同样的器具和同样的信条；工具、武器、艺术品与克里特几乎一样；墓葬习惯也与克里特相仿，陪葬品十分丰厚。总之，迈锡尼人采用了在克里特已经有了几个世纪历史的生活方式，所有这一切都是突然发生的，发生在克里特新王宫和居地遭到普遍毁灭之际。同时，爱琴诸岛的米诺斯文明居地复苏，建起了新的殖民地。伊文思认为这种突然的"米诺斯化"，只能解释为米诺斯人对希腊地区的控制、殖民。他认为，希腊大陆上原来的居民起初与米诺斯殖民者和平共处，继续以往的生活方式。但在后来，本地人就起来反抗，推翻米诺斯人的统治，建立了阿该亚人的王朝。他坚持说，这段历史可以在传说和荷马史诗中觅得踪迹。他对迈锡尼人的好战精神及对武器的偏爱也做了解释，认为这是米诺斯人统治者身处异乡臣属中间，感到易受损伤所致。

与伊文思正相反，毕生致力于迈锡尼的考古发掘工作以及对古典语言、艺术和史前史的研究的瓦西则提出了不同的意见。瓦西承认，希腊大陆的中青铜文化受到米诺斯文明的很大影响，但又强调指出，这两个文明的基本点不同：迈锡尼人富有组织性，他们的思想已经发展到了具有抽象思维能力的较高水平，已能用自己的法规解决问题。他们吸收外来的因素是为了加以同化，使之变为自己的东西。希腊大陆的特性基本上是侵略成性，尚武好战，从而产生了荷马史诗中所描述的英雄精神。在艺术上，迈锡尼人尽力忠实仿效米诺斯风格，又突出男子气概与好战精神，但在其他领域仍保持自己的抽象风格。至于为什么是突然发生了变化，瓦西解释说，公元前1600年前后，中青铜时代的希腊大陆居民成功地战胜了米诺斯舰队，烧毁了克诺索斯王宫，把战利品、艺人、手工匠人带回大陆。但是，这种说法面临一个不能回避的难题：很多史学家都支持克里特毁于一场

迈锡尼出土的陶罐

大地震，而不是人为的结果。

还有人提出，中青铜时代的大陆人去埃及参战，返回时带回了金器和当地的墓葬习惯，使大陆希腊生活发生巨变。也有人认为，迈锡尼的繁荣靠的是广泛、和平的贸易而不是劫掠，也不是来自埃及的黄金。

直到后来成功释读线形文字 B 文献后，人们才知道迈锡尼人是希腊人。但是，迈锡尼世界突然出现的权势和财富，其原因仍是个谜。所以，芬利认为，变化是显而易见的，但并不一定要有移民才造成变化，因为没有更充分的证据能说明移民的事。他认为，在大陆希腊青铜时代早期及中期，各个文化中心都有移民，人口增长。在这种情况下，要分别新来者与原居者是不可能的。同样，在文化发展、文化成就上要做这种分别也不可能。总之，人们各自以不同的方式对迈锡尼文明作出了贡献。这也包括希腊大陆以外的克里特、基克拉迪和小亚居民。他指出，公元前 18 世纪时，克里特对希腊大陆没有太大的影响，物质材料不能表明克里特文明对迈锡尼文明有决定性的影响。

迈锡尼文明因何毁灭

对于迈锡尼文明，不仅其起源一直为人们所争论，其毁灭原因也一直困扰着人类。

可靠的文字资料实在太少太少，线形文字 B 泥版文书和荷马史诗所提供的信息过于简单；考古发掘能给我们一些启示，但真正要解释其毁灭原因，也有相当的难度。

依据荷马史诗，我们了解到在特洛伊战争之前，希腊北方的游牧部落就从北部和西北部进入了迈锡尼世界；战后，他们继续向迈锡尼世界纵深推进。赫拉克利斯的子孙和多利亚人从伊庇鲁斯到达了罗德斯、科林斯和都德坎尼斯诸岛，还有些人到了克里特。古希腊著名历史学家修昔的底斯也提到赫拉克利斯的子孙在特洛伊战争之后两代，即 80 年后返回伯罗奔尼撒。于是有人认为，正是这些南下部落的入侵，导致了迈锡尼文明毁灭，特别是其中的多利亚人更是祸首元凶。

但是，与此认识相反，哈蒙得、丹尼尔等则指出，在西北方的入侵者来到之前，迈锡尼世界已经衰落。至公元前 13 世纪后期，迈锡尼文明的统治已开始动摇。迈锡尼文明时代的居住地有的毁灭，有的荒弃，不少城市加强了城防工事。公元前 12 世纪的居住地有 320 个之多，但在公元前 11 世纪仅有 40 个左右继续有人居住。总的趋势是迈锡尼文明地区的居地数锐减，人口稀少，但没有哪

在特洛伊战争中，希腊人靠木马计赢得了最后的胜利

一地区是完全被放弃的。一切迹象都表明，迈锡尼文明已经走上了末路。

根据考古资料来看，公元前 13 世纪期间，多利亚人并没有进入希腊世界，直到迈锡尼文明的不少城市已经变成废墟之时的很长一段时间以后，多利亚人才涉足此地。因而，公元前 13 世纪末以来迈锡尼文明世界各地王宫连遭毁灭之灾，不能归咎于多利亚人。多利亚人面对的是一个已经不可避免要毁灭的世界。

但是，考古资料也没有为当时多利亚人到来的说法提供物证。于是，柴德威克从研究古文字入手，提出大胆假设。他指出，神话传说中关于赫拉克利斯服 12 年苦役的故事，反映了多利亚人臣属于迈锡尼人的历史事实，多利亚人早就遍布在迈锡尼世界各地，只不过他们是被统治者。赫拉克利斯的子孙返回伯罗奔尼撒，则道出了多利亚人推翻迈锡尼人的真情——不存在所谓多利亚人入侵，只是内部的阶级斗争。

以派罗斯为例，胡科讲到，公元前 13 世纪中叶，希腊大陆上城市与城市之间，城市内部的阶级与阶级之间，矛盾重重，斗争激烈。派罗斯的经济问题很严重：青铜不足用，青铜加工业已衰落；国家经济组织已疲惫不堪，税收不齐，经济亏空；土地不足分，不能满足经济发展之需。有的人

投机致富，国家却只能靠积蓄的产品度日，要么就从地方额外征收黄金。当时，神权也受到挑战。村社不按祭司要求行事；有的人甚至敢于不履行宗教义务。中央的高度集中化也由于其他部门或其他国家的过分压力而受到了破坏。在这种形势下，派罗斯的王宫已是岌岌可危。这一切可能是导致派罗斯毁灭的主因。

还有人认为祸根原是天灾。波伊宗研究认为，那时发生了连年的干旱。天灾造成食物短缺，人口减少，大量小村庄被放弃，王宫经济发生危机。特洛伊战争很可能是迈锡尼世界联合行动寻求经济出路的一次远征。事与愿违，10年海外苦战，耗损了他们自己的巨额财富，激化了国内的各种矛盾，使经济危机加深，也加速了迈锡尼世界走向灭亡的步伐。

还有人提出，迈锡尼文明遗址中有几个是毁于火灾的，但引起大火的原因还未可知。于是，人们又把目光投向了活跃于东地中海的海上民族，并且认为是他们破坏了小亚细亚、叙利亚、巴勒斯坦、埃及各地许多城市，促使赫梯帝国灭亡。而埃及帝国衰弱，当然也影响到迈锡尼世界。米隆那斯等甚至说当时的派罗斯有一支装备着20条船的大舰队，可终于没有抵挡住海上侵略者。但是反驳此说的人指出，海上民族在公元前13世纪时并未进入希腊。从泥版文书中看，在派罗斯陷落之前，国家除了正常的换防之外，并无任何特殊军事行动。虽然曾有划船手集中之事，但可能是去履行某种公务，或是去贸易，而不是去打仗，因为他们是从各地抽调来的。关于舰队之说也查无实据，只是人们的推测罢了。还有令人不解的是，派罗斯王宫没有防御工事。如果说派罗斯的灭亡或许是失之大意，那迈锡尼、太林斯等地不仅有巨石筑就的高墙，而且有保证战时水源的设施，可谓森严壁垒，却也没能免于灭亡。

总之，迈锡尼文明是毁灭了，但其到底因何而毁灭，大家仍各持一词、争论不休。

东方古国留下的谜团

《太极图》之谜

《太极图》又称《先天图》或者《天地自然之图》，是中国上古文化中最神秘的一张图。对于这样一张神秘的图，众多学者也是众说纷纭、争论激烈。

虽然《周易·系辞传》中已明确提出："易有太极，是生两仪。"但汉代以后所传的《周易》，都不曾附有《太极图》。直到宋朝道士陈抟才传出《太极图》，并有"先天"、"后天"之分。后来北宋理学家周敦颐根据陈抟所传的《太极图》，写了一篇《太极图说》，发挥了《周易》的观点，提出"无极而太极"的哲学思想。到朱熹撰写《周易本义》，才正式将《太极图》附在《周易》前面。他看出，离开了《太极图》，《周易》只是一部普普通通的占筮之书，根本够不上列群经之首。

这其间，真正对《太极图》有精到研究的首推理学家邵雍。据邵雍说，先天《太极图》为伏

太极图

羲所画，后天《太极图》为周文王所作。并指出："伏羲之易，初无文字，只有一图矣，寓其象数。而天地万物之理，阴阳始终之为具焉。"朱熹则认为《太极图》源自汉朝炼丹士魏伯阳的《周易参同契》。后来的易学大家胡渭也说："《太极图》取《参同契》之月体纳甲。二用三五，与九宫八卦混而一之也。"

由此看来，《太极图》的一个间接来源是道教，似乎是没有太多疑问的。但是，它的源头在哪里

宋代理学家朱熹画像

呢？它是否真像《周易》和道教所说的那样，是伏羲所作的呢？

从《太极图》来看，具有浓厚的巫觋文化特征，能否进一步假设《太极图》是中国上古巫觋文化的总纲、源头呢？

在《周易·系辞传》中，有一段十分重要的话："古者包羲氏（伏羲）之王天下也，仰则观象于天，俯则观法于地，观鸟兽之文，与地之宜，近取诸身，选取诸物，于是始作八卦，以通神明之德，以类事物之情。"同时又指明，伏羲时代，还是"作结绳而为网署，以佃以渔"的时代。从考古学上看，这时期尚处于迫于自然力量，穷于应付的原始部落状态。就是这样一个时代，怎么会有闲情逸致和技术手段去仰观天文、俯察地理，做如此玄奥的八卦太极图呢？这还得从伏羲的传说谈起。

伏羲，又写作伏牺、包羲、太昊。《帝王世纪》中说他是"太昊帝包牺氏……继天而生，首德于木，为百王先。帝出于震，未有所因，故位在东方。主者，象日之明，是称为太昊。"

据今人考，伏羲的"伏"为表音字，按上古音应当读为"溥"，"溥"就是"伟大"的意思。所以伏羲也就是"伟大的羲"，而这位"伟大的羲"又正是先秦典籍中的东方之神（太阳神羲和），也就是说，伏羲实际上可能

45

和太阳或者东方的某一星座有关。从史籍上看，伏羲又与龙有密切关系。《左传》上说："太昊氏以龙纪。"《拾遗记》也说："蛇身之神，即羲皇也。"正是从这一点上，我们找到了一个小小的突破口。

就目前所见，在 7000 多年前仰韶文化的陶饰图案中就有人首蛇身的伏羲像。从文化人类学的角度看，上古文化符号（包括巫觋文化）大都是象征性的。因此，我们是否可以考虑，所谓伏羲"蛇身人首"不过是一个象征性表述，它暗示着伏羲是一种半人半神的生命体，是直接和"龙"（或许就是飞碟）有关的生命体。何况，伏羲的出生也是很神秘的。《史记·补三皇本纪》记载，他的母亲"履大人迹于雷泽"而后生下了伏羲，而且"有龙瑞，以龙纪官，号曰太师。"如果伏羲就是"伟大的太阳神"，而他又是乘着"龙"（飞碟）来到地球上，在传授了一些天文、地理知识以及一些神通（特异功能）后，由于上古民智未开，为了不使外星球高级文明失传，留下了一幅整合性的《太极图》让后人去破译。那么，今天我们看到《太极图》包罗万象的内容就不奇怪了。

伏羲像

包罗万象的《太极图》

《太极图》同中国古代的天文学可以说是一脉相承。中国古代天文学的理论基础是阴阳学说和五行学说。五行学说最早见于《尚书》，阴阳学说来源于《周易》和《太极图》。《淮南子·天文训》将阴阳原理对应日月星辰，认为阳气凝聚则生火，火之精者为日；阴气凝结为水，而水的精者就是月；所以又称日为太阳，月为太阴。至于星则是从日月溢出的气的结合物，它们由于禀受的阳精、阴精的分量不同而各异。以后，五行又配上五音、五色甚至五德，这就从天文发展到人事了。

这种以阴阳学说为基础的天文学理论和"天人相应"的理论体系，也就是《周易》所说的"观象于天，观法于地"、"近取诸身，远取诸物"的产物，同时也不排除《太极图》可能是以灵感信息的方式传达出来的。

另外，就《太极图》本身来看，阴阳两仪记录着地球由于自转和公转而产生的昼夜之象和四时之序。此外，地球公转的轨道平面和自转的轨道平面之间的交角（黄赤交角）为23°26′21″。而从《太极图》上看，阴阳两仪的S形螺旋体夹角，也正巧在23°左右。所以有人认为，太极的具体模式就是地球。

在上古交通闭塞，工具极端落后的情况下，怎么就已达到把地球作为一个模式来画图形的程度呢？这还得回到伏羲上来。《古今图书集成》上的一段记载说，"上古伏羲时，龙马负图出于河，……伏羲则之，以画八卦。"参考前述关于龙的假说，那么"龙马"也可能就是飞碟的象征表述。也就是说，一个与外星文明有联系的"伟大的羲"，凭借着

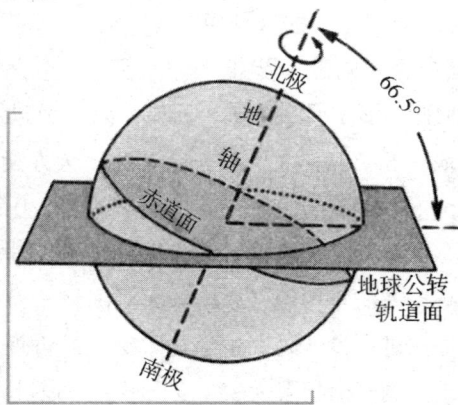

黄赤交角示意图

"龙马"（飞碟）提供的数字密码和模型，才画出了八卦和《太极图》。

更有趣的是，在后世所传的一些修炼图谱中，《太极图》被转换成天文图，并将北斗七星安放在中心。从这一图谱看，我们这个世界以北斗星为天心。北斗星每年12个月指遍四方28宿，历全年24个节气、72候、

$365\frac{1}{4}$ 日。所以，一些修炼气功的人，在采气时都必须遵照这一图示，面对北斗星所指的方向。这是否从一种灵感信息上暗示着《太极图》的真正来源呢？

与天文学一样，《太极图》和中国古代医学结下了不解之缘。《黄帝内经》上说："生之本，本于阴阳"由于《太极图》是"近取诸身"，所以阴阳之道也涵盖了整个中医领域，成为中国古代生命科学的基础。

《周易·说卦传》指出："乾为首，坤为腹，震为足，巽为股，坎为耳，离为目，艮为手，兑为口。"把人身器官与《太极图》上的八卦相对应。而《内经》则进一步把人的脏腑、

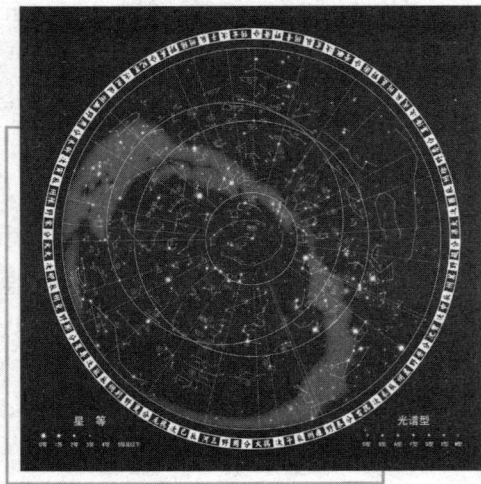

中国古代北斗七星与二十八宿星空图

血脉与日、月、山脉、河流、海洋通过类比连在一起，形成了"人身小天地"和"自然大天地"合一的"天人相应"说。在这方面，中国医学史上留下了大量的图谱，是我们今天进行生命科学研究的珍贵资料。

今天有人根据《太极图》的八卦学说进行生命科学的研究，认为它包藏着人的年寿信息。从《太极图》看，人的正常寿命年限应当是 119～148 岁。进一步，以"生生之谓易"的哲理，结合《周易》六十四卦推论，得出人的寿命年限为 384 岁。后人还通过先进的脑功能扫描技术对人脑进行扫描分析，得出的结果使人惊讶不已：人的大脑就是一张太极图案。

由此可见，《太极图》以简驭繁，无论在天文上还是在人体内，都表现出知识的高度凝聚性。这在上古时期是难以想象的。这种综合性的整体知识模型，唯有联系外星球的高级文明，才能找到一个较完满的解释。

《易经》之谜

自古以来，《易经》就被人们称之为是一本集人类智慧之大成的天书，它像一个取之不尽、用之不竭的智慧宝藏，为人类解开了许多谜团，同时也留下了许多谜团。

《易经》是人类最早记载了天地日月运行的规律，最早发现了太阳黑子变化对大地、人体所产生的影响的奇书。

对自然现象，《易经》中说："阴阳尽而四时成，刚柔尽而四雏成，阴阳相会，万象乃生。阴阳聚而为云，和而为雨，凝而为雪，合而为雷，激而为电，交而为虹霓，怒而为风，乱而为雾……。""阳伏而不能出，阴迫不能蒸，于是有地震。"

《易经》在军事上的运用主要是"八卦阵"。《孙膑兵法》中评述了这八阵：方阵、圆阵、疏阵、数阵、锥行阵、雁行阵、钩行阵和玄囊阵。八阵变化无穷，八八六十四阵就是根据太极生二仪，二仪生四象，四象生八卦而来的。三国时期，蜀国军师诸葛亮根据《易经》在大江的边上摆了一个阵图，就是后人所说的八阵图，打败了东吴统帅，成为千古佳话。据史书记载：诸葛亮用石摆成八阵，阵中常有气如云，从内部升起，似有千军万马，蔚为壮观。

《易经》又是一部包罗万象的潜科学著作，书中所阐述的精义要旨，是对于天道与地理的综合探讨，它是追求宇宙原理的唯一著作。科学家们曾预言：精通了《易经》，那么当今的世界之谜将不期而解。

1986 年，在美国纽约一家高等学府实验室内，展出一件根据《易经》效应原理制造出来的中国 3000 多年前的青铜喷水震盆，该盆形状及大小像一个烧菜锅，底部扁平，左右各有 1 柄，盆底刻有 4 条鲤鱼，鱼与鱼之间，刻有 4 条清晰的《易经》河图抛物线。它的表面并不十分的光滑，青绿色的底部尚有斑斑的锈蚀，两个扶柄约有 10 厘米，样子并不是十分的美丽。人们根据《易经》记载，将半盆清水倒进去，按要求用两手轻轻摩擦盆的两个把柄，刹那间，盆里的水骤然波浪翻滚，汹涌澎湃，紧接着 4 股水柱像箭一样不停地向上喷射，达 2 尺多高。在四股水柱向上喷射和降落的过程中，不但形成一种蔚为壮观的奇景，而且还奇妙地发出念震卦六爻时的古代音乐。

中国的《易经》如此伟大，它的作者是谁呢？史书记载：远古时代伏羲画八卦，周文王被商纣王囚禁在羑里城时，在伏羲八卦和《归藏易》的基础上，将伏羲八卦演变成六十四卦而成《周易》。那么，3000多年前的周文王为什么能写出这部被后人称为世界文化瑰宝的著作？他有如此高深的超前学问和智慧吗？

北京大学地理系陈传康教授提出了《易经》成书新说，他猜想这部古书是记录天外来客所遗留下来的科学知识的形式推理书。

陈传康教授说，外星人光顾地球，并"告诉"了周文王许多先进的科学知识，而周文王作为一个远古初民学者并不能懂得其内容，只能以卦爻推理系统记录下其形式，从而使夏易和商易的纯占卜之象叠加了隐含现代科学内容的义理内涵。陈教授以地球上的众多遗迹作为引证，说现在发现的非洲、欧洲、美洲以及中国不少原始岩画、壁画，都不约而同地绘有外围圆环的头像，极可能是戴头盔的外星宇舱员形象，而这些绘画产生的年代与《易经》出现的年代相距不远。

周文王

周文王"据而演《周易》"的河南省羑里城遗址，高出地面5米许，是一座上万平方米的方形台地。陈教授考察后，断定此系一处人工土台，并非天然形成，可能就是外星人飞船的降落台。

但事实究竟是否如此，看来还需要人们的进一步证明。

还原 "龙骨" 真面目

清朝末年，在我国一些地方的中药铺里，有一味中药名曰 "龙骨"，它经常被用来治疗破伤，俗称 "刀尖药"。使用时将龙骨碾成粉末，贴在伤口处，可以止血，帮助伤口愈合。除此之外，它还可以用来治疗小儿、妇科疾病和男子肾虚等症。这种神奇的龙骨当然不是真正的龙的骨头，而是一种在地下埋藏多年并且已成为化石的动物骨头。那么，这到底是什么动物的骨头？埋藏在什么地方？它的神奇之处只在于它能够治病吗？其实，这里面藏着一个巨大的历史文化之谜。

清朝光绪年间，位于洹河南岸的河南省安阳市小屯村的几位农民正在翻耕土地. 忽然，有一些骨片被随土翻起，人们赶忙捡起一看，骨片已经石化，有的上面还有刻画痕迹。纯朴的农民们哪里会想到，他们手里拿着的是距今3000多年前的古物，上面的刻画痕迹正是当时的文字。他们只觉得这些骨片年代可能比较久远，或许还可以卖给药店当作药材来换点零用钱。于是有的人试着挑选了几个比较大的骨片送到药店，药店果然把这些骨片当作 "龙骨" 收了下来。从此之后，小屯村的农民一有空闲就到处寻找挖掘龙骨。就这样，一大批这样的骨片被当成龙骨卖给了药店，还有的人把它碾成粉末在安阳地区春秋两季的庙会上出售。

甲骨文

这些骨片形状有大有小，有的无字有的有字，有的字里还涂有朱砂或黑墨。因为药店不要有字的龙骨，于是人们锉掉文字、洗刷干净上面的色

彩。这样一来，这些无价之宝就被无情地破坏了。村里还有人干起了专门收购龙骨之事，并由此发了家。一时间，成批龙骨远销北京、河北等地，被入药煎服。

那么，被人们当作龙骨的这种骨片到底是什么东西呢？这个谜底的揭开关系到一个非常重要的人物，那就是当时在北京任团练大臣的山东福山人王懿荣。

王懿荣非常爱好古物，是一位金石学家，他对青铜器的铭文很有研究，也能鉴别一些古物的真伪。光绪二十五年，即1899年，王懿荣身患疟疾，大夫给他开了一些中药，其中有一味就是龙骨。当中药抓回来后，王懿荣漫不经心地打开药包想随便看看。突然，他大吃一惊，其中一片龙骨上竟然刻有文字。凭他多年来积累的经验，马上意识到这是一种非常古老的文字。他立即命人到药店收购下所有带字骨片。此后，他不惜重金，以每字2两银子的高价收购。其后，刘鹗等人亦开始收购。1903年10月，刘鹗在其编著的《铁云藏龟》自序中首次确定了这些文字就是"殷代人的刀笔文字"，从而揭开了所谓"龙骨"之谜。

正如刘鹗所说，这些所谓的"龙骨"正是商代晚期的遗物。当时人们迷信占卜，凡事皆要问卜，这样就产生了专门从事占卜的卜官，他们把占卜的经过和结果刻在龟甲或牛骨上，就形成了后来所发现的甲骨文。

"龙骨"所记载的

在中国古代文献中，有关商代历史的记载比较少，连司马迁写《史记》时都觉得资料匮乏。而甲骨文的发现，正好弥补了史料记载的不足。甲骨文所涉及到的内容非常广泛，包括了农业、畜牧业、田猎，还有天文、历法、医学、祭祀等内容，为我们研究商代的历史提供了重要的资料。

特别是甲骨文本身的发现，在我国文字发展史上有着重大的意义。它是我国至今发现的最早的文字，有着严密的系统和规律。它不同于西安半坡遗址和河北篙城台西村遗址陶片上的类似文字的记号或象形符号。后者数量极少，既无系统又无规律，在严格意义上来讲不能算作汉字体系。甲骨文的发现，证明了中国在距今 3500 年前就已经形成了完整的文字体系。在甲骨上刻字，笔画只能直来直去，因此形成了中国方块字的风格。

甲骨文中对气象的记载比较详细，比如仅对雨量的描写就有大雨、小雨、系雨（毛毛雨）、沚雨（延绵不断地下雨）等。对雨的预报在一定程度上也比较准确，比如有一则卜辞是这样写的："己酉，自今旬雨？三月，辛亥雨。"其意思是：3 月己酉这天卜问，从现在起，这一

甲骨文文字与现代汉字对照表

旬（十天）下雨吗？到了第三天就下雨了。这些预测从文字上来看似乎有些迷信，但是如果没有丰富的气象观察经验，是很难得出比较正确的判断的。这也说明了在中国的商代已经能对雨这种自然现象有所预报了。

甲骨文中对天文历法的记载更有价值。其中有关日蚀、月蚀、星辰的记载是世界上最早的有关天文学的宝贵资料，对于研究世界天文学史有着重要的意义。有一条这样的卜辞："癸酉贞：日夕有食，非若？"意思是：癸酉这天卜问：如果傍晚有日蚀，是吉利还是不吉利？日蚀一般发生在白天，而此次可能发生在傍晚，因此商王很担心，才来占卜的。此外还有关于新星、新大星、鸟星、大星等星辰的记载。

除此之外，甲骨文中还有关于生男生女、狩猎是否顺利、征伐是否成功、奴隶在田间劳动会不会逃跑等内容。总之，丰富的甲骨卜辞为我们研究商代历史提供了大量而可靠的资料。

但是，围绕着甲骨文亦有许多未解之谜等待着人们去探索。比如甲骨文至今已发现了 4500 多个单字，但目前已辨识的只有 2000 个，剩余的 2500 多个单字尚不能辨认，大都是地名、人名或专用字。这也是甲骨学对现代学者所提出的一大挑战。在已辨识的字中，亦有无法认定含义的。如"日又哉"这一卜辞，有的人认为这也指的是日蚀，但亦有人认为这是最早的

关于太阳黑子的记载。哪种说法正确，目前仍无定论。在甲骨文研究中，类似这样的问题还不少，如甲骨文中有关地名、河名的记载与现在的有关地名、河流有什么关系等等。

另外在 20 世纪 70 年代，在陕西周原遗址所出土的西周甲骨文，为甲骨学的研究提供了新的资料。但是，其中一块甲骨上的文字要用 5 倍放大镜才能看得清楚，那么在微雕技术还不发达的西周时代，这么细小的文字是如何刻上去的呢？至今仍是一个难解之谜。

楼兰古国消失之谜

1900 年 3 月，瑞典探险家斯文·赫定沿塔里木河向东，到达孔雀河下游，想寻找行踪不定的罗布泊。3 月 27 日，探险队到达了一个土岗。这时，糟糕的事情发生了，斯文·赫定发现他们带来的水泄漏了许多。在干旱的沙漠中，没有水就等于死亡。他们于是去寻找水源，令他没有想到的是，一个天大的惊喜在等着他。

斯文·赫定在挖掘水源时，意外地发现了一座佛塔和 3 个殿堂以及带有希腊艺术文化的木雕建筑构件、5 铢钱、1 封佉卢文书信等大批文物。随后他们又在这片废墟东南部发现了许多烽火台一起延续到罗布泊西岸的一座被风沙掩埋的古城。

古城平面近正方形，边长在 330 米左右，几乎全部为流沙所掩埋。城墙用黏土与红柳条相间夯筑。有古运河从西北至东南斜贯全城。运河东北有一座八角形的圆顶土坯佛塔。塔南的土台上，有一组高大的木构建筑遗迹。斯文·赫定在这里发现了汉文、佉卢文文书及简

寂静的楼兰古城似乎在向人们
诉说着它的历史

牍、五铢钱、丝毛织品、生活用具等。运河西南的中部，有 3 间木构土坯大型房址，房中及其附近曾出土大量汉文文书、木简及早期粟特文和佉卢文文书，估计为衙署遗迹。其西的一组庭院，可能是官宦宅邸，南边分布着矮小的民居。城中出土了各种文书、简牍。

斯文·赫定回国后，把文物交给德国的希姆莱鉴定。经鉴定，这座古城主是赫赫有名的古国楼兰，整个世界震惊了，随后，许多国家的探险队随之而来。经历史学家和文物学家长期不懈的努力，楼兰古国神秘的面纱被撩开了一角。

1979 年，新疆考古研究所组织了楼兰考古队，开始对楼兰古城古道进行调查、考察，确定了楼兰古城的确切地理位置：东经 89°55′22″，北纬 40°29′55″。它占地面积为 10 万 8 千多平方米。城东、城西残留的城墙，高约 4 米，宽约 8 米。城墙用黄土夯筑；居民区院墙，是将芦苇扎成束或把柳条编织起来，抹上的粘土。全是木造房屋，胡杨木的柱子，房屋的门、窗仍清晰可辨；城中心有唯一的土建筑，墙厚 1.1 米，墙高 2 米，座北朝南，似为古楼兰统治者的住所；城东的土丘原是居民们拜佛的佛塔。

另外，在通向楼兰道路的孔雀河下游，考古队发现了大批的古墓。其中几座墓葬外表奇特而壮观：围绕墓穴是一层套一层共 7 层由细而粗的圆木，圈外又有呈放射状四面展开的列木。整个外形像一个大太阳，不由得让人产生各种神秘的联想。它的含义究竟如何，目前还是一个未解之谜。

但是，最让人不解的还是这座古城为什么会神秘消失呢？大家说法不一，归结起来，说法主要有 5：

说法一：楼兰消失于战争。公元 5 世纪后，楼兰王国开始衰弱，北方强国入侵，楼兰城破，后被遗弃。

说法二：楼兰衰败于干旱、缺水，生态恶化，上游河水被截断后改道，人们不得不离开楼兰。其证据是楼兰曾颁布过迄今为止发现的世界上最早的环境保护法律。

说法三：楼兰消失与丝绸之路北道的开辟有关。经过哈密（伊吾）、吐鲁番的丝绸之路北道开通后，经过楼兰的丝绸之路沙漠古道被废弃，楼兰也随之失去了往日的光辉。

说法四：楼兰被瘟疫疾病毁灭。一场从外地传来的瘟疫，夺去了楼兰城内十之八九居民的生命，侥幸存活的人纷纷逃离楼兰，远避他乡。

说法五：楼兰被生物入侵打败。一种从两河流域传入的蝼蛄昆虫，在楼兰没有天敌，生活在土中，能以楼兰地区的白膏泥土为生，成群结队地进入居民屋中，人们无法消灭它们，只得弃城而去。

但是，最让人信服的还是罗布泊游移说。

1878 年，俄国探险家普尔热瓦尔斯基考察了罗布泊，发现中国地图上标出的罗布泊的位置是错误的，它不是在库鲁克塔格山南麓，而是在阿尔金山山麓。当年普尔热瓦尔斯基曾洗过澡的罗布泊湖水涟漪，野鸟成群，而今却成了一片荒漠、盐泽。也就是说，罗布泊是个移动性的湖泊，它实际的位置在地图位置以南 2°的地方。

罗布泊怎会游移呢？科学家们认为，除了地壳活动的因素外，最大的原因是河床中堆积了大量的泥沙而造成的。塔里木河和孔雀河中的泥沙汇聚在罗布泊的河口，日久月长，泥沙越积越多，淤塞了河道，塔里木河和孔雀河便另觅新道，流向

而今的一片荒漠却曾经是湖水涟漪的罗布泊

低洼处，形成新湖。而旧湖在炎热的气候中，逐渐蒸发，成为沙漠，水是楼兰城的万物生命之源。罗布泊湖水的北移，使楼兰城水源枯渴，树木枯死，市民皆弃城出走，留下死城一座，在肆虐的沙漠风暴中，楼兰终于被沙丘湮没了。

楼兰文字之谜

从考古发现看，我们知道楼兰人使用的官方文字是佉卢文。据乔治·布勒等人的研究，佉卢文属于腓尼基字母体系的拼音文字，是从阿拉美文

演变而来。

目前所知道的最早的佉卢文是公元前 3 世纪古印度阿育王颁布的摩崖法敕。1 世纪前后，中亚贵族上朝曾将其作为官方文字之一。2 世纪以后，贵族碑铭逐渐采用波罗谜文，以后，随着王朝的灭亡而被废弃了。

但是，当佉卢文在阿富汗等地趋于没落之时，却在我国古代于阗、鄯善、疏勒、龟兹等王国里被沿用下来。就目前发现的佉卢文简牍数量而言，在中国新疆发现的材料最多、最系统和完整。

为什么楼兰王朝使用这种在中亚已经绝迹的文字，难道"楼兰民族"是从中亚迁入本地的"外族人"？那么，他们经过了怎样的迁徙路线？在他们迁入之前该地是否居住着本地土著？他们与土著的关系如何？由于解读佉卢文有一定的难度，并非所有的资料都得到了释读，已释读的内容也有争议。可以肯定，要完全了解楼兰文化的内涵，全面解读佉卢文资料是一个关键。

当然，楼兰发现的佉卢文只是一种宗教和官方用语，并不是生活语言。本族人讲的语言是吐火罗语，这也是一种印欧语系的语言，早已成为"死语言"。吐火罗语在塔里木盆地有广泛的分布，有若干方言区。楼兰人讲的是"欧洲语言"，难道他们是从更远的欧洲经中亚迁入的最早欧洲移民？研究者仍然十分慎重。因为虽然楼兰人使用印欧语系的语言，但单有语言证据并不能肯定其为欧洲的后裔。

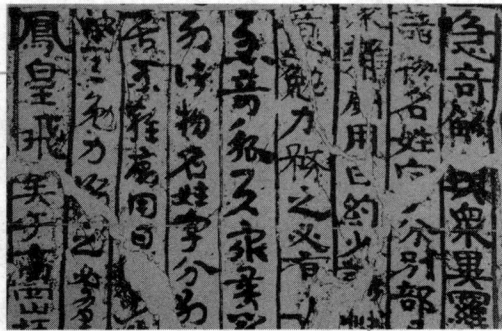

楼兰文字

走进古老的印度

■ 印度文明毁灭之谜

印度河是世界上最长的河流之一。但在 18 世纪之前，人们根本没有想到这条藏身于沙漠，人迹罕见的河流曾创造过极其灿烂的文明。这种文明与古埃及文明、古希腊文明完全不同。

印度河文明最早引起人们注意是在 18 世纪，当时人们发掘出了哈拉本遗址。人们在这里发现了大都市残址。19 世纪中期，当时的印度考古局长康宁翰第二次到哈巴拉时，发掘出一个奇特的印章，但他认为这不过是个外来物品，并没有引起高度的重视。又过了 50 年，人们在以含哈拉巴在内的旁遮普一带为中心，东西达 1600 千米，南北 1400 千米的地域内，发现了属于同一文明的大量遗址。这个发现震动了考古学界，因为涵盖范围如此之大的古文明在世界上可以说是独一无二的。

哺育印度文明的印度河

58

1922 年，一个偶然的机会，人们发现了位于哈拉巴以南 600 千米处的摩亨佐达罗遗迹，人们还注意到在这里出土的物品与哈拉巴出土的相似，于是人们便自然而然地把两者联系在了一处。这些遗址位于印度河流域，所以被称为印度河文明。据考证，遗址始建于 5000 年以前甚至更早的年代。

对哈拉巴出土的印度印章进行研究的结果令人失望，没有人能释读印章上的文字。文字是一个国家文明的水准，有文字的印章可能在政治、经济活动中担任重要角色。而且印章只在摩亨佐达罗和哈拉巴有出土，于是专家们推断，摩亨佐达罗与哈拉巴都是都市。

印度河流域的城市在当时是独特的，因为这些城市不是任意建造的，而是按照一个中央计划精心建成的。各城市全盛期时占地 15～18 平方千米。城市布局呈格子型，宽阔的主要街道环绕长方形的大街区，各街区约长 400 码（1 码 = 0.914 千米）、宽 200 码，比今日城市通常的街区要大得多。埃及的建筑物用的是石头，美索不达米亚的建筑物用的是太阳晒干的砖，而这些城市的建筑物是用窑内烧的砖建造的。

如此整齐划一的布局和有条不紊的组织似乎遍布整个印度河文明区。这一文明于公元前 2500 年左右达到成熟期，在以后的 1000 年中，实际上处于静止不变的状态。而且，这些城市每遭到洪水毁灭性的破坏后，重建的新城市总是造得跟原来的城市一模一样。如此一贯、连续的传统世上从来没有过，因而，产生这样一种假说：控制这一纪律严明的社会的也许是一种精神上的力量。没有军事装备，没有城防工事，也为这一假说提供了证据。但是，这一切毕竟只是推测，而且，在发掘更多的古城遗址，并能释读印度河流域的文字之前，始终只能是推测。

印度河流域的文字为象形文字，上一行由左往右读，下一行由右往左读。这种写法也为早期希腊人所仿效，被称为"由左而右，复由右而左交互成行之书法"——"就像牛犁地一样"。

和所有其他古代文明一样，印度河文明主要是农业文明。主要农作物有小麦和大麦，不过，当地居民还种植紫花豌豆、甜瓜、芝麻、椰枣。另外，印度河流域是最早用棉花织布的。已经驯养的动物有狗、猫、牦牛、水牛，可能还有猪、骆驼、马和驴。与外部世界也有了相当的贸易关系，

其中包括美索不达米亚，在那里属于公元前 2300 年的废墟中发现了印度河流域的印章。在波斯湾的巴林岛上还发现了一些别的印度河流域的产品，这表明巴林岛是美索不达米亚与印度河流域之间进行海运贸易的一个中间站。

印度河流域的农民种植大麦、小麦、棉花、瓜和椰枣。他们还驯养大象和水牛在田里干活。这一地区有许多手艺精湛的制陶人，他们用陶轮制作陶器，这在当时是一项崭新的技术。哈拉帕人使用石器，并用青铜制作刀、武器、碗和雕像。他们建立了发达的废物处理系统，包括有盖板的排水系统和倒垃圾的斜槽。

不过，对于印度河文明结束的时间以及为何结束，人们仍不得而知。不过，如此广布的文化应该不会有一致的结束时间。人们对其结束的原因主要有下列几种说法：河水泛滥、瘟疫、贸易或经济或国内秩序崩溃、被雅利安人所取代，等等。

在古印度叙事诗《拉马亚那》中，诗人描述了几十万大军瞬间完全被毁灭的景象。诗中有一点值得注意：大决战的场地是被称为"兰卡"的城市，而"兰卡"正是当地人对摩亨佐达罗的称呼。

还有人提出，这一文明也许实际上是为泥浆所淹没的。按照这种说法，地下的火山活动使大量的泥浆、淤泥和沙子涌出地面，堵塞河道，形成一个很大的湖泊，把摩亨佐达罗全给淹了。几十年后，堵塞河道的堤坝渐渐磨损，河水流过堤坝，大河又恢复原来的水道，不过，摩亨佐达罗的城市已遭毁灭。人们还推断，这一灾难至少发生过 5 次以上。最后，灾难给印度河文明的中心带来了无可挽救的损害，使北部的边沿地区十分虚弱，不能抵抗雅利安人的侵略而被毁灭。

不过，这些说法似乎都有道理，但是事实究竟如何，还需要人们的进一步探索。

■ 难以改变的印度种姓制度

在印度，从古代就一直流传着一种非常严格的种姓制度，等级差别也非常明显。假如两个属于不同种族的人结了婚，那么这对夫妇以及后代将会被逐出原种姓，改成其他的姓，成为杂种种姓。杂种种姓的人被称为肮脏的不可接触的人，其处境是十分悲惨的。他们的地位比首陀罗还要低。

由于不可接触种姓的出现，印度原本就不平等的社会更加不平等了。作为一种社会制度，种姓制只是保证了婆罗门的尊严和特权，而且是以牺牲别的种姓的利益来做到这一点的，地位越低的种姓受的损害越大。而且从社会结构看，印度社会中婆罗门在数量上并不占优势，那些人数众多的低等种姓为什么不反抗这种对他们来说是极为不公平的制度呢？更令人迷惑不解的是，他们好像还存在这样的心理，认为他们自己的地位还是令人羡慕的，还不是最糟的，时常提醒自己千万不要去做违规的事情而落到更让人不可接触的地步。

对于这个问题，许多学者也做了大量的研究，但似乎没有找到一个令人十分信服的结论。从历史上看，由于没有出现统一的国家，印度在这一时期不存在强大的王权，但同时印度又不存在强大的平民阶层，或者说是不存在一个利益一致的平民阶层，这样就只有由第三个阶层——既不属于当权阶层，又不属于被统辖阶层的婆罗门，借助宗教和神明的力量，高踞众人之上。

但实际上，印度在很早就出现了阶级分化，奴隶这个词在吠陀经典中就已得到应用，但是种姓制的血缘特色在很大程度上掩盖了阶级特征。它所严格规定的婚姻规则使血缘纽带得到维系，而关于职业的限定又有效地防止了阶级分化的加剧。因此在古代印度人民中，普遍存在的是种姓意识而不是阶级意识。即便是不可接触的杂种人群，由于他们身上仍然流淌着原种姓的血液，所以他们仍然脱离不了这个体系，这样，印度种姓制度实际上就扩展了。

种姓制度的扩展造成了各个集团的隔离，从而大大冲淡了隐蔽在隔离后的阶级剥削和压迫。比如首陀罗在4大种姓划分开时，他们的地位类似于奴隶，然而在以后的发展过程中，又有许多新的种姓处于比他们还低得多的位置，这就大大降低了首陀罗种姓对自己地位的不满。从这个意义上说，古代印度的阶级意识和矛盾始终处于一种低水平的发展阶段。

另外，印度次大陆优越的自然环境条件也起到了一定的缓冲作用。由于印度气候温暖，土地肥沃，物产丰富，人们不用花费太多的努力就能保证基本的生活。加上宗教对于追求物质享受的蔑视，那些位于社会上层的婆罗门甚至刹帝利都把精神的追求放在第一位，人与自然在很大程度上保持了一种和谐。印度民族精神中最有代表性的平和、宽容以及忍耐的特点也使种姓间的矛盾和冲突得到缓和。

还有，由于受到宗教思想的影响，人们即便存在不满的情绪，各种姓成员更习惯从自身修行的角度从内部去寻找原因和解决不满的途径，而不像其他一些国家的奴隶和农民，把对现实的不满集中到帝王的暴政和制度的不平等上，用各种手段去加以改变。印度人们这样做的结果不但不会触动种姓制度的根基，相反使之更加完善和巩固。当社会发展到一定阶段时，婆罗门集团至高无上的地位也难免会受到冲击，婆罗门教的神圣地位也会动摇，不过种姓制并没有从根本上被推翻，而只是进入了低潮而已。

印度的宗教

雅利安人移居印度之后的 1000～1500 年间，印度民众发生了很大变化，最明显的是宗教和社会组织方面的变化。吠陀早期的那种无忧无虑的乐观主义逐渐被悲观主义所替代。社会已经没有灵活变通、无拘无束的性质，代替它的是越来越严格的按职能和特权区分成不同的阶层。同时，一个新的文化综合体逐渐形成了，这就是印度教。

印度教兴起之时，流行的宗教已经由简单的多神教变为错综复杂的信仰和礼制，崇拜的神祇数量也变得非常多，等级的差别也很大。神的称号和等级以及崇拜的形式，随着地区和居民

毗湿奴雕像

阶层的不同有变化。除了少数例外，从前雅利安神祇中比较突出的神已退居次要地位，而新的神祇则随着本地前雅利安崇拜的融入而增添进来。最后，被承认的神和半神增至几千几万。

老的太阳神毗湿奴据说有许多化身，因而以不同的名号受到崇拜。人们仍然将其视为欢乐的善神，是代表宇宙中创造力或构成力本原的"保护之神"。毗湿奴据说不赞成杀生，所以他所收受的祭品只是花环，从来没有宰杀的牲畜。与之大不相同的是湿婆，即"毁灭之神"。尽管她有些方面使人感到可怕，但崇拜她的人要远远多于毗湿奴。湿婆的典型形象是五面四臂。在某些方面，她被视为善神，因为毁灭的力量是世界和生命演化中必不可少的力量；但是她的力量是可以有制服作用的。湿婆的某些信徒是苦行主义者和神秘主义者，但在其他族中湿婆崇拜要求血祭，而且同采用放荡礼仪的繁殖崇拜相联系。第三个大神影响最小，叫做梵天，是哲学家所说的绝对存在物或世界灵魂的化身。梵天代表一种抽象的力量，不像毗湿奴和湿婆那样吸引大家的想象。他被具体化为能够在一片莲叶上安坐的细小形象，然而，这个神促进了神秘的禅定。

与西方民族所熟悉的宗教形式相比，印度教在许多方面显得有些"另类"。它没有系统的信条，没有成套的教义，没有单纯的信徒集会，也没有设立的教堂。它认为神的真谛是多面的，拯救的道路是无数的。印度教着重宣扬的社会风纪是尊敬并支持婆罗门；不杀生，特别是不杀牛；妇女处于低下地位；遵守种姓法规。

由此我们不难看出，印度教实际上是一种社会的与宗教

湿婆雕像

的综合体，它体现着各种各样的宗教和社会阶层，但只有婆罗门即祭司才有权给予综合。婆罗门成为全印度的礼仪执掌者和崇敬及物质报酬的领受者。他们不推行任何正统的信条，也不反对异教徒，但却有力地把持着神与人之间的中介地位。

公元前6世纪，社会的分化和宗教礼仪的束缚使民怨日益激烈，结果发生了由贵族人物领导的几次反抗运动，这些斗争的目标就是反对婆罗门过度的要求。所以，它们最初采取了一种异教徒的甚至反对宗教的形式，其中有两起则产生了影响深远的哲学和宗教学说，就是耆那教和佛教。尤其佛教，传入了印度以外的亚洲地区并受到及其广泛的崇奉。不过，令人不解的是，不断外传的佛教却在其诞生的国家内渐渐消失了。

神秘古老的瑜伽

作为东方最古老的强身术之一——瑜伽产生于公元前的印度，它是人类智慧的结晶。相传，在古印度高达8000米的圣母山上，有人修成圣人，也有人成为修行者，他们将修炼秘密传授给有意追求的人，并将其流传至今。

瑜珈一词原初的意思是驾驭牛马，从遥远的古代起，它也代表设想帮助达到最高目的的某些实践或是修炼。在古圣贤帕坦珈利所著的《瑜珈经》中，瑜珈准确的定义为："对心作用的控制"。

在印度，瑜珈的历史渊源很多，尤其与古印度婆罗门体系有着密切的关系。在印度，人们相信通过瑜珈可以摆脱轮回的痛苦，内在的自我将与宇宙的无我合一；通过瑜珈将产生轮回的种子烧毁，心的主体被顿悟，一切障碍都将不存在。在印度现在很难区分瑜珈与印度教的关系，在寺庙中、在经典中、在生活中、在许许多多的范围，两者的关系都彼此相互融合。

印度教对于灵魂和肉体的关系有着独特的理解。它认为生命不是以出生作为开始，以死作为结束，而是无穷无尽一系列生命之中的一个环节，每一段生命都是有前世造作的行为所决定。动物、人和神的存在都是这个链索中的环节。一个人的善良品行，可以使他升天，邪恶则能令他来世沦为畜类。一切生命，即使在天上，都必有终期，不能在天上或人间求得快乐。

印度人认为牛是神的化身，受到人们的保护不被宰杀。牛被称作"如意牛"，也代表幸福吉祥；印度人使用牛粪来治疗皮肤病和一般的外伤，疗效非常好。恒河是印度的圣河，它孕育了印度的文明，人们称天河，每年的许多节日和祭典都在恒河河畔举行，小孩子的成人礼也需要恒河水来淋浴。经常看到人们在恒河中洗浴身体，人们希望通过圣水消除疲劳、驱除疾病、洗净身体的罪恶。

祭奠是敬神的重要表现，祭祀也是人们祈求幸福的出现和召唤神秘力量的产生。在古代印度的圣典中，记录了许多名目的祭典内容和方法。古代祭祀是大型的活动，一般人是无法承担这些花费的。宰杀数以千计的牲畜，雇用劳力搭建气派的祭台，制作上好的香火和贡

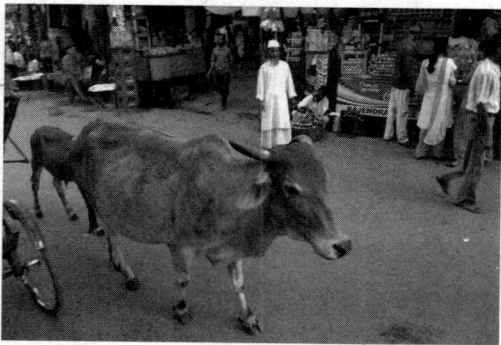

在印度街头任意行走的牛

品，还要请婆罗门来担当祭典的主持人和重要工作。另外，看一个祭祀的成功与否还要看是否有重要人士参加，那些出生名望家族以及有威望的人、知名僧人的参加将使承办者获得极大的荣誉。现在，人们仍然坚持祭祀的仪式，但是内容已变得十分的简单，通过咏念梵文和使用简单的祭祀物品就可以完成全部的过程。

苦行是瑜伽修炼者寻求解脱的主要方法之一。在印度，人们经常可以看到袒胸露肩的苦行者在路旁打坐冥想，在这段其间里苦行者以极端瑜伽方式对待自己的身体，生活极其简单并实行彻底的禁欲。有时还遵守古代沿袭下来的各种条例规定。苦行者通常身体消瘦，衣襟俭朴甚至破烂，皮肤黝黑和行囊晦涩，但是他们目光犀利，有坚定的信念和善良品行，经常

具有常人没有的神奇的神通力，他们遵守瑜伽的道德，坚信通过苦行可摆脱业的束缚，使生命得到永恒的净化，他们是被人敬重的人。

此外，瑜伽修炼者非常重视对道德的掌握。这通常包括理解经典中存在的奥秘，丰富的知识，以及导师所传授的精神秘密，这也包括长期体验中对梵语的领悟和心灵的历程。如果一个瑜伽修炼者知识非常渊博，那么他无论走到哪里都受到人们的尊重。瑜伽也是印度先贤在最深沉的观想和静定状态下，从直觉来了悟生命的认知。

瑜伽修持秘要是理论和实践互相参证的法典。瑜伽修持者开始只有少数人，一般在寺院、乡间小舍、喜马拉雅山洞穴和茂密森林中心地带修持，由瑜伽师讲授给那些愿意接受的门徒。以后瑜伽逐步在印度普通人中间流传开来。

而今的瑜伽，已经是印度人民几千年来从实践中总结出的人体科学的修炼法，在全世界被广泛传播。它也不仅只限于哲学和宗教的范畴，而有了更广泛的含义。

■ 哈拉巴文明毁灭之谜

印度河滋养了印度古老的文明。早在史前时期，印度人就在以哈拉巴和摩享珠达鲁等城镇为中心的广大乡镇中，创造了高度发达的农业文明。印度人在这些城镇和村落里栽种小麦、大麦、甜瓜、椰枣、尊麻、棉花。考古挖掘中，发现城镇里建造着巨大的谷仓，说明当时的人们有了相当多的余粮。

哈拉巴不仅农业发达，畜牧业也很发达。人们饲养着成群的牛羊，家家有羊舍牛棚。兴旺时的哈拉巴村落里手工业工人在陶馆里制造着陶器，妇女们利用棉花织着柔软的棉布，牧人在草地饲养牛羊，而农民们则在肥沃的土地上耕作，人们过着丰衣足食的生活。正是在这种情况下人们才创造了文字，观察了天文，钻研了数学，创造了古代发达的文明。

但是，哈拉巴文明却突然神秘的消失了。是什么原因使哈拉巴文明走向了发展的终点呢？人们一直众说纷纭。

有人提出过自然灾害说，认为是自然灾害给哈拉巴带来了灾难。

有人提出了内乱说，认为是哈拉巴文明内部的激烈冲突造成了极大的破坏，使哈拉巴文明急剧地衰落。

有人认为可能是异族的入侵。落后的异族人在战争中烧杀抢掠，造成极大的破坏。

而近年来，一些生态学家提出了生态恶化说，认为是生态的破坏恶化了哈拉巴文明存在和发展的基础，从而使哈拉巴文明日渐衰落，造成了文明的中断。

生态学家们认为，哈拉巴土地上人们丰衣足食的生活导致了人口不断地增加。人口的增加就需要生产更多的粮食，需要开垦更多的荒地，需要更努力的耕作，放牧更多的牛羊。所以，土地的负载越来越大，人们种了一季又一季，收了一熟又一熟。土地始终得不到休息的机会，再加上肥料也得不到经常的补充，所以土壤的肥力逐渐下降。随着土地肥力逐渐下降，土地上的植被不断减少，水草渐渐不能满足它们的需要，于是它们就吃树皮，吃草根。渐渐地土地变成光秃秃的一片。

损害更大的是人们不当的耕作方法。哈拉巴文明产生于比较干旱的地区。这里的农业需要人工的灌溉。由于气候干燥，蒸发量很大，人们灌溉后，水分蒸发了，大地上留下了溶解在水里的盐类。盐类不断地积累，土地就越来越盐碱化，土地的生产能力也就日益下降。

土地失去了肥力，风沙便变得肆无忌惮。哈拉巴的土地再也无力养活日益增多的人口。终于有一天，创造了哈拉巴文明的人们不得不背井离乡，放弃了祖祖辈辈生活的地方远走他乡了。沙漠的扩张，终于把这块文明的发源地掩盖了起来，直到后人从沙漠下重新把它们发现。

不过，到目前为止，这只是一个比较令人信服的说法。但究竟是否真的如此，还需要人们进一步考证。

古印度第一帝国孔雀帝国

孔雀帝国在印度历史上占有很重要的地位，它是印度历史上出现的第一个帝国，标志着印度从宗教运动转向政治发展。

相对而言，印度的统一时间要远远小于分裂时间。当然这并不是说印度就没有统一。印度也有统一，但这是文化的统一而不是政治的统一。印度文化强调的是忠于社会秩序而不是忠于国家，正如种姓等级制度的地位比任何政治制度都要高这一点所证明的。

当雅利安人迁居到恒河流域的摩揭陀王国时，印度西北地区因为同波斯文明的密切联系，渐渐地与印度其他地区分离开了。大约公元前518年时，波斯大流士皇帝越过兴都库什山脉，使旁遮普西部成为其帝国的第20块辖地。2个世纪以后，也就是公元前327年，亚历山大到来了。

在当时的印度文献中，迄今未发现有任何提及亚历山大之处。而亚历山大的同伴们留下的有关印度的印象记，也全未存留下来，只有其中的部分见闻，通过后来的著作支离破碎地流传下来。亚历山大的入侵与其说是一次正式的侵略，不如说是一场袭击。他在印度仅驻扎了2年，而且在他去世不到10年的时间里，旁遮普的希腊政权就完全消失了。不过，他发动的战争确实对印度后来的发展有重大影响。亚历山大的陆海军在开辟或增加陆海商路方面所做出的贡献是较有实效的。从印度西北部经阿富汗和伊朗，然后通达小亚细亚和地中海东部诸港的商业贸易，在这个时候获得了迅速发展。而亚历山大在整个中东建立的希腊殖民地无疑也为这一贸易做出巨大贡献。

对印度历史来说，最重要的是亚历山大在印度西北部废除当地的几个王国和共和国、造成政治真空地带方面所起的作用。旃陀罗笈多·孔雀迅速填补这一真空，建立了以他名字命名的帝国——孔雀帝国。

亚历山大撤离3年后，也就是公元前322年，旃陀罗笈多还是一位野心勃勃的青年将领，他夺取了摩揭陀国难陀王朝的王位，建立了他自己的王朝。在以后几年里，他稳步地朝西北方向扩大自己的统治，直到他的帝国从恒河流域扩展到印度河流域，并跨越了包括这两条大河的三角洲地区。与此同时，他还组织了一支强大的军队和一个有效的政府来维持他的国土。作为亚历山大继承人之一的塞琉古当上中东的国王后，试图重新获得亚历山大统治过的印度地区，但是都被旃陀罗笈多毫不费力地击退了。

1年后，也就是公元前304年，塞琉古被迫求和，把印度地区让与孔雀皇帝，并将一位希腊公主嫁给他。作为回报，塞琉古得到500头象，他利用这些象，成功地击退了他在希腊化世界中的对手。塞琉古与孔雀皇帝之间的媾和标志着孔雀帝国已作为当时的一大强国立足于世。

有一位名叫麦加斯梯尼的希腊使节，曾在孔雀王朝的首都华氏城住过好几年，他的观察报告虽然现在只能以第二手的形式得到，却是些很有价值的资料。从报告中，我们得知旃陀罗笈多的儿子频头沙罗似乎征服了德干，而他的孙子，著名的阿育王则征服了羯陵伽，即印度东部。因而，在后者的统治下，孔雀帝国包括了除南端以外的整个印度半岛。

在阿育王统治时期，孔雀帝国可以说达到了鼎盛时代。首都华氏城被称为"花城"，以它的公园、公共建筑物、9英里多长的河边地和吸引国内外学生的教育制度而闻名于世。

阿育王统治的孔雀帝国还是一个高效率的、严厉的、官僚政治的社会。它有相当严厉的法律，维持秩序的手段也是无情的。军队号称有70万人，配备9000头大象1万辆战车。严酷的刑罚有10种多，常用作惩罚和逼供的手段。

阿育王的统治表明，传统型的帝国统治发生了根本而独特的变化。他在通过特别残忍的战争征服羯陵伽王国之后，内心经历了一番变化，他在刻于岩石上的第13条敕令中这样写道："15万人作为俘虏被带走，10万人被杀死，许多倍于这个数字的人死去……为诸神所爱的羯陵伽的征服者，现在感到很懊悔，感到深深的悲伤和悔恨，因为征服一个以前未被征服过的民族，包含着屠杀、死亡和放逐……即使那些躲过灾难的人也由于他们始终热爱的朋友、熟人、同伴和亲属所遭到的不幸而极度痛苦。因之，所有的人都承受着不幸，而这，使国王的心情十分沉重。"

从此以后，阿育王致力于促进和实现佛陀的教义。他渴望有一个"安全、理智、所有人内心都很平静、温和"的未来。他仿效波斯的统治者，将自己的敕令刻在岩石、山洞和专门建造的柱子上。与其说这些敕令是正式法令，不如说是具有国家训诫的性质。它们的共同特点是，告诫人们发扬伟大的美德——朴素、同情、相互宽容和尊重各类生命。阿育王非常关心他的人民，因此，他兴办了许多并不给国家带来直接利益的公共事业——医院和国家公费治疗，大路两旁的果园和休息场所，分配施舍物给各个教派，派佛教传教团去外国。

在宗教方面，阿育王并没有使佛教成为国教，也没有迫害其他教派。相反，他对婆罗门和耆那教也予以慷慨的捐助，并帮助各教各派的杰出人士。这不是宗教上的变革，而是一种态度上的改变。他最强调的是宽容和非暴力主义，不仅因为这两者是道德上合乎需要的东西，而且因为它们会促进他那庞大且复杂的帝国日益和谐。

在阿育王长达 41 年的统治时间里，民众对他非常尊敬和崇拜，这说明他是一位优秀的国王。但是，在他去世后的半个世纪里，他的王朝却被推翻，他的帝国也被消灭了。

耆那教雕塑

印章上的秘密古印度文字

除了中国，印章也存在于古印度。人们认为古代印度印章上的文字是目前世界上已知最早的文字体系，因此有人干脆把印度河流域文明称为印章文明。

印章是古印度文明的结晶，如果能破译印章上的全部奥秘，那么古印度文明也许就不再神秘。

如今，在印度的各个文明遗址里，人们陆续发现了发现 2500 多枚印章。从材质上看，有天青石的、陶土的、象牙的，还有钢做的。印章的形状一一般为 2.5 厘米直径长的正方形，当然也有的呈长方形。与那些残墙断壁、沟渠孔洞不同，印度河流域出土的印章以刻画图形和文字符号向后人昭示出文明的准确信息。

一般来说，每个文明的文字都经历过一个从象形文字到表音表意文字的发展过程。埃及、中国和印度河流域的文字都有共同点，因而很可能有一个共同的发源。印度学者拉奥特别强调了中国的象形文字与古印度印章文字的共同之处。不过，虽然这种观点令人注目，但是由于缺乏确凿的证据，至今学术界尚无法对其做出任何评论。

赫罗兹尼曾最早推测，古印度印章上的这一文字属于印欧语系。可是自 20 世纪 70 年代以来，越来越多的研究者抛弃了这一看法，而认为它是印度土著的达罗毗荼语。

1924 年 9 月，英国考古学家马歇尔爵士在对出土的印度文化认真研究之后，向外界宣布，"没有理由认为，这一地区的文化是从其他地区传入的。"后来，历史证明了他的判断是正确的。1976 年，美国学者费尔塞维斯发表了他的研究成果，对马歇尔以及后世者的观点做出了总结。他宣布自己已破译出 100 个文字符号，甚至已可释读某些完整的句子，认为这一文字体系已发展到一定水平，属于古达罗毗荼语。

对印章文字的研究还在继续，它的奥秘正被一步步揭开。

在哈拉巴、摩亨佐达罗早期文化层里出土的印章文字显得比较古朴，符号繁杂，罗塔尔出土的印章文字则已经明显简化。印章文字的笔划由直线和弧线组成，从右向左书写。有一些字符仍然保留着象形文字的特点，一个符号表示一个意思。但是更多的是将两个或更多的符号一起用，表示一个复合的意思。

印章上最引人注目的刻画图形是牛的形象。在摩亨佐达罗出土的 123 个钢印章上，有 36 个刻画着牛的图形；还有头上长角的立姿人兽图形和抽象的牛头图案。牛在古印度人的精神生活中占据着非同寻常的位置。在印度人的心中，牛代表了一种丰足，是人们向往美好生活的心理寄托和希望的象征。出现在印章上的动物还有大象、骆驼、羊，可能还有狗等。山川河流等自然物也很常见。还有一类数量不多的印章图形很特别：它们或是人兽共处，或是人兽同体，这反映着印度河流域宗教信仰的另一种表现形式——天神崇拜。

在印度河流域，那些富有的、地位显赫的人士往往都有自己的独特标志。他们把这种标志刻在印章上，在需要的时刻就盖下来，或随身带着以表示自己的身份；有时也把它送给异邦友人作为纪念。所以，这些印章已越出印度河流域，在两河流域等地区也发现了它们的踪迹。

有动物图案的印度图章

人们不曾想到，一枚小小的印章，虽然只有那么几厘米大，却包含了如此深厚的文明内涵和谜团，而这些谜团依旧困扰着人们，等待着人们去解释。

丛林背后的玛雅文化

玛雅文化与龙舌兰

玛雅文化是世界最著名的古代文化之一，有美洲印第安文化摇篮之称。玛雅文化发展的地域包括现今墨西哥东南部的尤卡坦半岛、危地马拉的提卡、洪都拉斯西部的科潘、瓦萨克通、以及伯利兹和萨尔瓦多部分地区，共约 32.5 万平方千米。

相传，公元 10 世纪时，伊察人的首领库库尔坎带领伊察人夺取了契琴伊察城，并以此作为自己的都城。一天，伊察王到野外去采集草药，不小心被一种像利剑似的植物刺得钻心般地疼痛。他一气之下，命令其部下用劲狠命地抽打这种植物，但这种植物越打越不断，竟然鬼使神差地打出了洁白柔韧的纤维，这种植物就是龙舌兰。以后玛雅人就用龙舌兰的纤维编成绳子，其承受力非常之大，竟然可以拖运巨大石块以及各种建筑材料。事后，

龙舌兰

伊察王深有感触地说：新的生命的诞生常常是伴随着痛苦的。从此，玛雅人开始了自己艰辛的创业过程，他们培植作物，发展了农业；他们饲养动物和家禽，发展了饲养业；他们以渔猎作为农业的补充，改善了人们的生活；他们创造出精致的手工艺品，使手工业具有了较高的水平；他们在手工业发展的基础上又引发了商业贸易的活跃。

玛雅人的文化是建立在较为发达的农业基础之上的，尽管人们仍然采用刀耕火种的方式。每年11月至次年5月的旱季，玛雅人便进入茂密的森林，用笨重的石斧开辟出一块土地，将地上的树木、杂草烧掉。5月过后，就进入了雨季，人们便开始播种。玛雅人采用点播的方法，他们先用尖棒在地上挖出一个个小坑，呈棋盘状排列，然后在坑里放入几粒种子，再用脚覆上土，将坑埋好，一俟雨后，种子便发出幼芽。

玛雅人最先培育出了玉米品种，其种类很多，有需要6～7个月才能成熟的大穗玉米——"老妇玉米"；有只要3个月便成熟的小穗玉米——"女孩玉米"；不要60天就可收获的特快品种玉米——"鸡啼玉米"。玛雅人在玉米成熟时，为防止果穗被雨水霉烂或雀鸟啄食，往往将玉米秆压弯。在玉米长老后，玛雅人便开始收获，那些果穗大的留作种子，连同其果衣一齐保存。保存玉米是一项很麻烦的工作，人们都在自己的茅屋里设有粮仓保存玉米，还有的人家盖有专门的粮仓保存大量的谷物。

由于在同一地区连续播种，地力减弱，收成下降，人们不得不放弃辛勤开垦的耕地而迁移到别的地区，不断地开辟出新的可耕地。

玛雅人除农业外，还有饲养业。人们在长期的实践中学会了饲养火鸡和狗，学会了养蜂，蜂箱用木槽做成，旁侧开有小洞。

另外，玛雅人的副食主要来源于渔猎。玛雅人在热带森林中狩猎的主要对象是火鸡、鹿、貘、西貒、兔、犰狳等。狩猎的武器主要有弓箭、长矛以及投枪。此外，玛雅人还发明了用汽枪发射泥弹来猎取禽类的办法，用带有套扣的拉索和设置陷阱的方法来猎捕野兽。玛雅人用鱼网、钓竿和鱼叉捕鱼。打猎对玛雅人来说，是一项神圣而庄严的活动，人们在规定的季节进行打猎，猎季开始时要举行"猎人节"庆典，表示人们迎来了一轮新的狩猎活动，并企盼获得更多的猎物。

玛雅人的手工艺品很精致，在印第安人的手工业中具有较高的水平。他们用燧石和黑曜石制造成武器和工具，用黏土制造陶器，用木材和石头制造木器和其他器皿。他们已学会用棉花、羊毛织成纺织品。玛雅人还制作了很多精美的珠宝、首饰、小雕像和神像。贵族死后陪葬用的陶俑、陶兽、手镯、耳环等都很精巧了。

玉米是玛雅人的主食，因此加工玉米的工序已很复杂，加工时，先将干粒用石灰水泡软，再用石磨磨碎。

玛雅人在手工业发展的基础上逐渐发展了商业贸易。人们把盐、布匹和奴隶运到各地去换取充当货币用的可可和石珠，然后用这些货币再购买珍贵的珠子和奴隶。玛雅人也用红贝壳充当货币，用它到集市上去购买当地的各种物产。粮食和谷物也可作为商品在适当时机出售。玛雅人还用挖凿的木船张帆运货、运客，最多时，一只船可容客达40人。玛雅人的市场规模很大，并设有客栈，供来往商客住宿。随着商品经济的出现，在玛雅人的社会中也出现了债务，但并无高利贷，而且人们都很讲究信用。

玉　米

玛雅人用自己艰辛的劳动发展了经济，并以此为基础，创造了更加光辉灿烂的文化，但他们一直认为这一切都来自于"龙舌兰"的启示。

玛雅人的文字与文学

玛雅人是美洲大陆上最早发明文字的印第安人。早在公元前后，玛雅人就独立地创造了象形文字，最初起源于贝登——伊察湖东北的若干大城

邦之中。古玛雅文是由许多图形和符号组成的,有音节和音标,符号有 800 多个,其中基本符号有 400 多个,至于用这些符号所构成的词就更多了,大约有 3 万多个词汇。著名的科潘遗址象形文字阶梯,可以说是玛雅文字的宝库。阶梯为 63 级,高约 26 米,宽约 9 米,坡长为 60 米,每阶都刻有象形文字,据统计,共有 2500 个字。这是所有玛雅遗址中保留象形文字最多的珍贵文物。

玛雅文字还保存在石柱、石碑和铭文中,这些文字是用特殊的石碑体刻成的,与写本中的字体不同。在保存下来的玛雅文写本中,文字与彩色图画通常并列在一起,每个句子附一张图,以图画说明文字,文字中既有表意符号又有表音符号。文字符号一般写在椭圆形的框中,还有些是"面形"符号,即只将物像头部的侧面画出,或只画出器皿、人体的某一部分,如姿势不同的手臂等。文字符号的排列一般是从上到下,或从左到右。

对于玛雅人文字的书写本,有学者推断是从公元 889 年开始出现的。从公元 328 年开始,每隔 20 年,玛雅人便立一根记事的石柱,而到公元 889 年开始,玛雅人突然抛弃了石柱记事的传统。一些学者认为这是因为发明了"纸"的缘故。玛雅人的"纸",实际上只是经过加工的树皮。人们把无花果树的内皮大块地剥下来,先用锤捣,用水泡软,再榨干压平,就成"纸",可以在上面书写文字了。这种"纸"很厚,约有 2 毫米。玛雅人的书一般长约 8 寸,宽约 6 寸,是折叠式的,全书拉开有好几米长。这些书由专职的祭司用红、蓝、黄、绿、黑几种颜色缮写。最后在书的上下两面加上薄木片作为书皮,就装订成册了。玛雅人认为文字是由"日眼大神"创造的,是神圣的,这些书也就成为圣物,主要在祭司中流传。因此,文字、书和书写的知识,几乎都被祭司所控制。

西班牙殖民者入侵以后,天主教会以消灭"异端邪说"为名,几乎将所有玛雅文写本文献付之一炬,现在幸存下来的只有残缺不全的 4 部了。第一部是《德累斯顿文献》,这是 1739 年由图书收藏家伊·克·哥柴从维也纳一个私人手中购得的。全书长约 3.6 米,共 78 页,是关于天文学的专著,也有占星术和宗教仪式活动的记录。第二部是《马德里文献》,这是 4 部书中部头最大的一部,全书打开有 7.3 米长,共 112 页,是一部关于占卦仪式的书。第三部是《巴黎文献》，它是 1859 年由法国著名学者奥戴波尼在巴黎图书馆发现的，1872 年第一次公诸于世。这部书已经残缺不全，只有 1.5 米长，共 22 页，主要记载占卜和宗教仪式活动，以及玛雅历法中关于"世纪"和"世代"周期的预言。第四部是《格乌里耶文献》，是 1972 年由美国考古学家德考公诸于世的。全书共 12 页，开头及结尾部分已散失，现收藏于美国纽约一家私人收藏馆里。

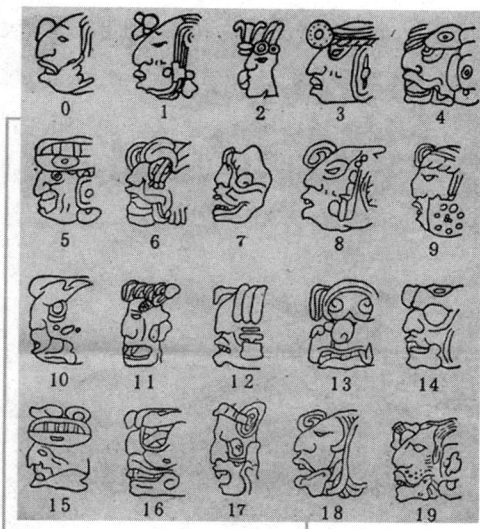

墨西哥专家破译后的玛雅文字

玛雅人的文学主要有 3 大部分，一是神话传说；二是寓言；三是戏剧作品。由于玛雅人象形文字长期以来无人能解读，致使这些古代文献一直沉睡幽宫。直到 1952 年，前苏联历史学家克诺罗佐夫初步辨认出一部分，才使这些文献资料逐渐被解秘，使人们对玛雅人的文化有了更进一步的了解。

保存玛雅人的神话传说的最重要的著作是《波波尔——乌》，又名《会议书》，或《公社书》，或《基切民族书》。这部书据基切人传说，一直被保存在神庙里，后来可能被大火烧毁。16 世纪中叶，有一位无名氏基切作家根据自己的记忆，用西班牙字母拼写的玛雅语把该书重新写出来，其后便一直保存于民间。18 世纪初，此书被西班牙教士弗朗西斯科·希梅涅斯所发现，他向印第安人借来抄录，并译成西班牙文，这才使这部著作得以公诸于世。现代的西班牙译本，是当地危地马拉的印第安文学研究者阿特里安·雷西诺斯，根据原书于 1947 年译出的新译本。

《波波尔——乌》叙述的是世界创造、人类起源的神话，记述了基切部落兴起的英雄事迹及历代统治者的系谱。玛雅人在人类起源的传说中，叙述了造物主如何用木头刻成貌似人形的人，这些木头人音如人声，也能生儿育女，都居住在地面上，但他们既无灵魂又无头脑。后来。他们慢慢忘记了自己的造物主，逐渐失去了上天对他们的恩宠。后来他们虽然开始说话了，但脸上却毫无表情，他们的手脚软弱无力，身体没有血液也无精髓，既无水分又无肌肉，双颊干瘪，手脚枯瘦，皮肤蜡黄。这就是生活在地面上的第一批人。后来，造物主又用木头造了男人的肌肉，用灯芯草制成女人的肌肉，地面上才有了男女。

在《契兰·巴兰》一书中，人们可以看到一些关于预言的文字。这部书写成于 17～18 世纪。"契兰·巴兰"意为"美洲虎的预言"，是用西班牙字母拼写的玛雅语写成的，是各种不同内容、不同体裁、不同来源的文章和摘录的混杂文集。该书的历书内容很多，如关于日、月的记载，日食、月食的形成，地球的创造，部落的迁移及各种谜语等。还有一些礼仪内容，说明神的行踪和特征。在玛雅人的年代记中，还列举了一些重大事件，也记述了一些历史故事。《契兰·巴兰》中最有特色的还是一些预言性的文字，这是祭司对未来若干年将要发生的事所作的预言，一般涉及的是各种灾难，如战争、干旱、饥荒等。其中，有关宗教内容的预言具有极大的艺术价值。此外，《契兰·巴兰》一书中还保存了一篇叙述敌军攻占契琴伊察城的史诗。

玛雅人对戏剧作品十分喜爱，当时这些作品广为流行。演出戏剧的场所都建有专门的石台作为舞台，演员许多都是具有很高修养的职业演员，演员演出时都戴假面具。虽然至今没能保存下来一本戏剧作品，但却保留下来一些剧目，例如喜剧《不要脸的食客》、《卖瓦罐的人》等。

惊人的天文历法和数学

在天文学方面，玛雅人不仅有着久远的历史，还有着惊人的成就。

玛雅人对天象的观测非常重视，主要是由于农业生产的需要。玛雅人最早的建筑物不是庙宇和宫殿，而是天文台。玛雅人在没有沙漏和滴漏等计时器，更无现代天文仪器的情况下，借助一种安放在木架上的玉石管子，靠肉眼来观测宇宙。玛雅人已能比较准确地预测出日食和月食的时间，掌握了金星、月亮等的运行周期。玛雅天文学家通常把他们对天体的观测成果镌刻在巨大的石板上。

最令人惊叹的是，玛雅人把他们丰富的天文知识与建设结合在一起，他们建造的金字塔，其建筑方位、构造形式等往往同星球的运行及每一年中的各个季节有关。有的金字塔本身就是玛雅人用来观测天体变化的天文台。

墨西哥尤卡坦半岛北部的库库尔坎金字塔，平面为正方形，底大上小，四边棱角分明，塔身呈梯形，四面各有 91 级台阶，加上通往最高处圣堂的一级，正好是365 级台阶，与全年天数相等。石阶两旁是宽达 1.35 米的边墙，朝北的两个边墙是下端雕刻成巨型蛇头，每年

雄伟壮观的玛雅金字塔

的春分和秋分时，在夕阳的照射下，出现"蛇影奇观"。

库库尔坎金字塔坐南朝北，偏西 17°。春分和秋分是一年中仅有的昼夜均分的 2 天。每年 3 月春分这一天，当太阳向正西方下降时，北面扶墙上的光照部分棱角渐趋分明，其阴影从上至下开始由笔直形变为波浪形，犹如一条巨蛇从塔顶游向大地。蛇形光影的出现，玛雅人认为标示着"长羽毛的蛇神"将带给他们雨水，使土地肥沃，是他们开始耕地和播种的季节；当 9 月秋分这一奇观结束时，是"长羽毛的蛇神"离开人间的时候，意味着雨季的结束，旱季的开始。这一"蛇影奇观"不是偶然的巧合，而是玛雅人根据季节的变化，经过精心计算而设计出来的。

玛雅人在对太阳和星辰的长期观测中，逐渐发明了历法。玛雅人有 4 种不同的历法。第一种是玛雅历法，即每年分为 13 个月，每月 20 天，全年260 天。第二种是太阳历，每年 18 个月，每月 20 天，年末外加 5 天，共365 天。年度从每年冬至计算。每个月份都用与农事季节相关的名字命名，

例如楚思（播种月）、摩尔（收割月）等等。太阳历是玛雅人日常生活的常用历法，这种历法已达到相当高的水平。第三种为金星历，玛雅人经过长期观察，发现金星在每8个地球年中恰巧走5圈，然后再重复同样的循环。于是他们用5除2920（8个地球年的天数），便得出每一金星年为584天的结论，而现代科学家的计算是583.92天，玛雅人计算每地球年误差仅72分钟，即每月误差6分钟，或每天误差不到12秒。第四种是太阴历，它确定一年为385天零8小时。公元765年，方圆500千米的天文祭司曾汇集在科潘，交换了各自的天象观测数据。

玛雅人发明了原始计数法。他们手足并用，因而发明了"二十进位"的计算法。但是当第二位进到第三位时。就成了十八进位，这可能同他们将一年分为18个月有关。因此，他们实际上用的是一种混合进位法。玛雅人的记数符号有三个，即点（·）、横（－）和一个椭圆形的符号。一"点"等于1，一"横"等于5，一个椭圆形符号等于二十进位，运用这3个符号可写出任何数字。

玛雅人在数学上的最大成就是使用了"0"的概念，这一发明比欧洲人大概要早700～800年。

神奇的建筑与艺术

蒂卡尔城位于危地马拉的贝登湖畔浓密的原始森林里。在公元3～9世纪的时候，其面积有16平方千米，大约3000多座建筑。这些建筑集中表现了玛雅城市的主要特征：鳞状叠盖的尖顶庙宇，建筑在公共广场的四周，建筑物上都有浮雕和突尖拱顶；有简易的蒸汽浴池、阴暗的房屋；有球场；藏有彩陶的坟墓；还有刻着文字的石碑和进行宗教仪式的祭台；雕刻着人物和象形图画的独石柱矗立于大地。

金字塔是玛雅人最伟大的建筑成就之一。玛雅人的金字塔，除个别作为坟墓用外，一般都不是坟墓，这与埃及金字塔有着本质的不同。但它却与苏美尔人的金字塔作用相似，即在金字塔顶上建有神殿，用来观察天体。由于玛雅人居住在石灰质地区，这不仅为其提供了丰富的石料，而且也提供了粘合剂。

蒂卡尔的金字塔为斜截锥体，基础周长为 140 米，高 40 米。塔面有石阶，祭司可通过这些石阶接近"众神"，而"众神"据说也是沿着这些石阶下访人类的。金字塔顶上建有庙宇。玛雅人把金字塔看作是天和地的连接点。建筑于原始森林中

玛雅文化时期的古城邦遗址

的蒂卡尔金字塔，突破了热带森林的覆盖直接伸向天空，这有利于天文祭司更好地观测天体，预言未来。而位于尤坦半岛东北部契琴伊察和库库尔坎的金字塔，就是一座融天文知识于建筑艺术之中的伟大建筑。

科潘是玛雅人的另一处著名建筑地。在这里，有大量的精雕石像，建筑物也多刻有铭文，尤其是那座被称为"象形文字阶梯"的金字塔，梯级长 27 米，宽 10 米，上面刻有象形文字符号。有人认为这是天文记录，有人认为这是城邦的编年史，至今还不能全部释读，解秘还待来人。

位于科潘的玛雅人精雕石像

科潘还保留了一个用石板铺成的球场。球赛曾盛行于整个美洲。在所有的古代玛雅城市中，都至少有一个类似的球场，契琴伊察的球场，就是其中最大的一个。该球场长 95 米，宽 35 米；球场两侧有 8 米

高的墙，在墙中央有 2 个大石圈，供球员比赛用；墙下建有 2 座平台，供观众站立观看。玛雅球员在比赛时，把球投入墙上的石圈内，球是用橡胶制成的。玛雅人的球赛是一种宗教仪式，而不是体育竞技。

玛雅文明后期，文化再度复兴，出现了一批新的城市和建筑群。在尤卡坦建成了拉布那城，其规模比起蒂卡尔城来，虽要逊色得多，但一座 20 米高的尖拱门却值得赞赏。另一城市是乌斯马尔，它继承了玛雅建筑的宏伟风格。

科潘保留下来的玛雅人球场

乌斯马尔建筑群规模巨大，包括金字塔、总督府、修女宫等。建筑群的造型优美，雕刻精致。最著名的是总督府，它以长 182.8 米、宽 155.38 米、高 12.16 米的高台为台基；台基上筑有一个长 118.82 米、宽 25.6 米、高近 4 米的平台；平台上再建起总督府。总督府长 90 多米、宽近 12 米、高 9 米。建筑用料总量达 100 万吨以上，总督府上有一道镶嵌着浮雕图案的华美墙饰，高达 3 米多、长 98 米，上刻有 150 个雨神头像，每一头像由 18 块石料组成，共用去 2700 块石料。整个墙饰用去 22500 块形状、尺寸完全相同的石料。这座建筑代表了古玛雅人高超的建筑水平。

玛雅艺术的很大一部分是附属于建筑物的浮雕及石碑雕像。浮雕中主要是人物和动物的形象，特别是蛇的形象。人物形象最初较为简单，以后越来越精细，往往雕出很复杂的场面，如统治者端坐于宝座，贵族站立两旁，战俘被带到统治者的面前等。这些作品极富表达力，并具有现实主义的手法。乌斯马尔总督府墙饰上的雨神头像，雕刻得很细致，每一个头像的耳、眼、鼻和牙齿都很齐全。著名的帕伦克城的宫殿，内外装饰得也是富丽堂皇，到处是浅浮雕。浮雕的内容既有人形神像，也有现实生活中的礼仪场面，还有宗教标志和象形文字。这些雕刻既富有人情味，又充满着对大自然的深刻理解。尽管当时的雕刻工具很原始，但工匠的雕刻手法却十分细腻、娴熟。帕伦克雕刻艺术自18世纪中叶被发现以后，就被认为是世界艺术宝库中的杰出作品。

玛雅人的壁画也很出色，表现了现实主义的创作手法。有些作品是以古战场为题材，反映了当时的战争场面。有些作品是刻画各种人物形象以及人物的各种姿态，栩栩如生。著名的有帕伦克的绘画和瓦沙克通的壁画。1946年在墨西哥南部乌苏马辛塔河上游发现的"波南帕克神庙"被称为壁画之宫。在高约7米，总长16米的"画厅"里，布满了色彩艳丽的壁画。壁画内容丰富，有战争凯旋、贵族仪仗、祭祀、庆祝游行等场面。壁画的作品是公元8世纪时的，其技巧高超，构图严谨，造型逼真，色彩调和鲜艳夺目，表现了玛雅人的艺术才能，成为世界壁画艺术的珍贵宝藏。

玛雅人善于歌舞，尤其在祭神时，都要载歌载舞。玛雅人有各种各样的吹奏乐器和打击乐器，还有乐弓这样的弦乐。音阶已有五度音程，可见其音乐具有很强的表现力。演奏时，器乐与歌唱、舞蹈紧密结合，气氛很热烈。

代表玛雅文明的壁画与石像

神秘的宗教祭祀

玛雅人崇拜与现世幸福和农事有直接影响的事物，如雨神、地神、天神、玉米神、战神等。

农人主要崇拜雨神和土地的保护神"恰克"。据说"恰克"又与一定的颜色和方向有关。如红色恰克在东方，白色恰克在北方，黄色恰克处于南

方，而黑色恰克则位于西方。玉米神"尤姆卡什"被描画成一位身强力壮的年轻人形象，死神"阿赫·普契"则以骷髅的形象来表现。天神"伊察姆纳"是玛雅人崇拜的最高神灵，他的妻子是地力之神"伊什切尔"。"伊察姆纳"是祭司的保护神，故被视为是玛雅文字和科学知识的创制者。"卡库帕卡特"是战神，当然也是军事贵族们的保护神。"埃克楚亚赫"是商人的保护神，也是可可种植场的保护神。

玛雅人的宗教家们很早便编造出了一套复杂的神学。他们认为世界上有4位天神在轮流统治他们，这就是"霍布尼尔"、"坎齐克那"、"萨克基米"、"霍桑埃克"，一年一换。这种轮流执掌的观念来自于古代各个民族轮流掌权的社会制度，4位神灵可能是那些轮流掌权的氏族的图腾。以后，随着各民族轮流掌权的时间的延长，这4位神灵的轮换时间也相应地变为20年了。

玛雅人认为整个宇宙共有13重天和9层地。东西南北四方各有一棵"宇宙树"围绕在世界的中央——绿树的周围；在四方的"宇宙树"上又住着4位"恰克"神，每一神都有一个大水罐，当他们把水倒出时，便形成雨；在世界中央的绿树阴下，有一座住着天堂之神"伊什塔布"的天堂，与天堂相对的便是地狱。人死后的命运取决于他在世的行为和在社会上的地位，也取决于死时的方式如何。玛雅人认为整个世界都要经历几个时代，每一时代的结束都是以洪水泛滥而告终的。

玛雅人的宗教专职人员是一个特殊的集团，即祭司集团。祭司的职能主要是掌握节日的礼仪，施行圣礼、占卜和预言。他们也掌管一些其他事务，如学习知识，回答贵族们提出的各种问题及给贵族以劝告，派遣小祭司们前往小城镇去主持祭祀，考查小祭祀们的学识和礼仪，规定小祭司们的职责，教育他们做人们的楷模，并为他们准备各种文化科学知识，然后送他们赴任。他们经常注意选拔小祭司，把那些有意从事宗教职业的贵族次子和自己的儿子从小加以教育和培养，向他们传授各种知识，包括计算年、月、日和推算节日、季节的方法，教授医术、习俗和阅读书写等等，把他们培养成祭司集团的继承人。玛雅人的高级祭司称作"阿金迈"或称"奥坎迈"，他们可以接受从贵族到一般城镇居民的各种祭品和贡纳，极为富有。大祭司非常受人尊敬，因为据说只有他们才能与神灵沟通，替人们向神灵祈祷。

除高级祭司外，还有专门把神的答复告诉给人们的祭司——"契兰"，他们备受人们的尊敬，以致人们常把他们抬在肩上。

巫师和医师主要是在病人感到疼痛的部位放血，以此治病。"恰克"是被选举出来协助祭司完成祭仪的 4 位老人。"科纳姆"是 2 名

玛雅庙宇遗址

官员，其中一名专司剖开作为祭献的活人的胸膛；另一名是从军事首领或有战功的人中选举出来的，他们享有很高荣誉，任期长达 3 年。

玛雅人进行宗教活动的场所，一般是在公共庙宇，但贵族和头人们，都在自己家中设有祷告室和偶像，便于自己祈祷和奉献祭品。

玛雅人崇拜契琴伊察的泉水，他们常常去那里朝拜，奉献礼品。在去朝拜的路上，如果遇到被废弃的庙宇，也要按习惯进去祈祷，并燃烧树脂。

玛雅人崇拜偶像，有石制的、木制的和泥制的，其中以木制偶像最为珍贵，往往被当作传家宝。

在奴隶社会玛雅人的祭祀活动中，最悲壮的是举行人祭的节日。祭司们根据灾祸的大小要人们祭献活人，有时用奴隶做牺牲，也有时用玛雅人的孩子。节日到来时，他们被祭司带着走街串巷，边走边舞，其他的祭司、庙宇人员，在这期间则要进行斋戒。节日这天，做牺牲的活人全身被剥得精光，然后用一种蓝颜料涂抹他的全身，并在他的头上戴上一顶纸帽。参加仪式的人们身佩弓箭靠近牺牲者，然后与他一起围绕着木桩共舞，边舞边把他抬起捆到木桩上，其他人注视着他继续跳舞。这时，祭司身穿祭服，攀上柱子，用箭刺进牺牲者的阴部，然后下来接血涂在自己的脸上。接着，他向跳舞的人们发出信号，人们便边舞边从牺牲者面前穿过，并依次向预

先已作了记号的心脏射箭，这样，牺牲者被乱箭射死以祭神灵。如果要取出牺牲者的心脏的话，就将他带到圆形祭坛，由"恰克"抓住他的腿和胳膊，由刽子手"纳科姆"用刀猛刺他的左肋，然后伸手到胸膛里掏出他那还在跳动的心脏并将它放入盘中，递给祭司。祭司用其鲜血涂抹偶像的脸。之后，祭司们把牺牲者抛下台阶，由神职人员剥取其全身的皮肤，除去手、脚，将整张人皮披在祭司的身上。参加仪式的人们围着这个祭司跳舞，以示庄严隆重。牺牲者的尸体往往被埋在庙宇的院内，有时被人吃掉。那些被当作牺牲者的战俘的骨头，要被主人拿着舞蹈，以显示胜利。

因为在玛雅人生活中，宗教祭仪占有重要的地位，所以举行宗教活动的仪礼中心——顶上建有庙宇的金字塔随处都可见到。在各个城邦，都住有一批与宗教神事有关的人，如雕刻石像、焙

相传，祭司将取出的心脏放在这个石像上面以示祭祀

制陶器的工匠，为庙宇描绘壁画的艺人，缝制祭服的裁缝等等。尤卡坦半岛南端的科潘、危地马拉境内的基里瓜城，都是当时玛雅人的宗教城市。

奇特的生活习俗

玛雅人居住的房子是用茅草或棕榈叶铺的屋顶，屋顶盖成尖状，这样可以方便雨水下流。房屋用墙隔成两部分，并留出一条通道，通向后间卧室。前面的房间往往粉刷得洁白，富人家还画上漂亮的壁画。一般人都把前间作为客厅及客人住宿的地方。整个房屋的前面往往无门，是敞开的，但房檐很低，以遮阳挡雨，可能还有防止敌人入侵的作用。平民用自己的材料给首领建造住宅，房屋的基本结构也与一般平民的相同，但后面房屋有一扇小门。床是用树枝编成的，上面铺着草席，睡觉时用棉布斗篷当被子。

在玛雅人的房屋中，乌斯马尔的"修女宫"最为壮观。所谓"修女宫"，实际上是一所中间有庭院的四合院建筑物。中部有一大门，上面横跨着三角形拱顶，门道开向庭院。与大门相对的及左右两边的房屋向外部不设门道，外墙也无窗户。这里的房间总共有 76 间，有的是单间，有的是双套间，共可容纳 600～1000 人。从房屋的设计来看，各种房间，都是由若干有亲属关系的家庭组成的不同家室所居住的。人们发现这些房屋，没有炉灶、烟囱等设施，因此可以推断这里的人们不在室内做饭，有可能是在室外的场院内以家室为单位做饭，或者大家过着原始共产制的生活，从陶制大锅内舀出食物进行分配。

玛雅人的主要粮食是玉米，用它做成各种食物或饮料。玛雅人妇女经常将整个玉米棒子浸在石灰水里，到第二天早晨，玉米粒就被浸软，而且已经半熟。她们脱去玉米苞衣和芯秆，再放在石磨上粗略磨制后做成团块，作为干粮，可供在劳动、旅行时食用。这种团块能够保存长久，食用时，把它放在一种瓢形果食的外壳里，加水化开，便可食用。妇女们还用浸泡过的玉米进行细磨，把磨出的浆汁煮成糊作为早餐，剩下的加水成为饮料。节日里，玛雅人还喝一种用玉米和磨碎的可可制成的发泡的饮料，或者喝一种从可可中提取的类似白脱的油质加玉米和在一起制成的香醇饮料。玛雅人妇女还经常用玉米做成各种不同样子的食品。玛雅人的家常菜是炖蔬菜加鹿肉片，也经常吃野禽或家禽、鱼等。

玛雅人就餐时往往男女分开，男人先吃，妇女和小孩后吃。这种习俗 19 世纪仍保留在玛雅人后裔中。在离乌斯马尔遗址不远的诺加布的玛雅人的聚居点里，人们实行产品共同分配制度，饭食在一所茅屋里做好，每家都派人去取自己的份额。先是男人，后是妇女和孩子。

玛雅人非常喜欢饮酒，而且经常要喝得大醉。他们的酒是用蜜和水再加上一种专门酿酒用的树根制成的，酒味浓烈。玛雅人往往一边喝酒，一边跳舞作乐，2 人一对或 4 人一堆坐在一起吃喝。一般情况下，斟酒者不得喝酒，只有待大家喝完后。他才能自斟自饮并一醉方休。

玛雅人的服装很简单。男人的服装是一幅手掌宽的布条，可当裤衩亦可当护腿。他们将布条在腰际束成几匝，布条的一端挂在身前，一端挂在身后。这两端都由他们的妻子的刺绣或羽毛编制。他们的肩上披有宽大的方形斗篷，晚间作盖被；脚穿用大麻编制或用鹿皮制作的凉鞋。妇女的装束比较文雅，腰部以下穿裙子，还用一块双层兜肚系在腋窝处以遮盖胸脯。此外，一般人还有一件又长又大的袋形衣物，两侧开口，长达臀部，穿时将两端系在一起即可。

玛雅人对装饰十分重视。他们有自己独特的审美观念，认为最美的头型是长尖形。据说是神在造出他们的祖先时就是这种头型，显得富态。为了造就长尖形头型，在小孩刚生下来5天之后，母亲就开始用两块木板捆夹小孩的头部，使之长成长尖形。玛雅人还认为对眼是最美的眼睛，孩子刚生下不久，母亲就人为地把孩子的眼睛造成对眼。其办法是或在婴儿的前发稍上粘贴上一小团向下悬垂至眉心的熟石膏，或在孩子两眼之间吊上一个鱼的眼珠，使孩子的视力经常集中于一点，久而久之，便使婴儿成为对眼。

玛雅男子还以画脸纹身为美，认为只有这样才显得威武和漂亮。他们在身上刺花纹，并认为刺得越多，越显得英武勇敢。纹身的过程中很疼，会因随后溃烂化脓感到痛苦，这对每一个男子都是一个严峻的考验。

玛雅男子还把身体涂上颜色。他们因身份不同涂的颜色也不同，因此可以根据一个人身上所涂的颜色来区分他们的社会地位，如一般青年用黑色，武士用红色，祭司用蓝色。如果武士在战争中被俘，对他来说最大的耻辱莫过于被人抹掉他身上的红颜色。

玛雅妇女也喜欢纹身，她们一般是在腰围以上纹身，花纹图案比男人身上的花纹更为精美。她们与男人一样，也喜欢用红色涂身，并拌上非常粘稠的芳香树脂，其香味经久不散。

玛雅人男子有留长发的习惯。他们将头顶剃光，而让四周头发长得很长，他们将长发编成辫子盘在头上，辫尾拖在脑后。男人不喜欢留胡子，喜戴耳环，喜欢使用镜子。

玛雅妇女不喜欢涂脂抹粉，认为这是不庄重的表现。她们也喜欢留长发，将长发分成两束，再分成若干小绺编成发辫，然后梳成各种发式，小女孩的头发一般梳成两条或四条辫子。少女出嫁时，母亲要为女儿梳起漂亮的发式。

玛雅妇女很注重贞洁。在西班牙人到来之后的日子里，一些美貌的玛雅妇女虽然被俘，但她们却守身如玉，绝不允许入侵者玷污自己，哪怕他们以死相威胁。如果出现奸妇，人们则绑上她示众以示羞辱，丈夫则将她抛弃。对奸夫的处置更严，奸夫交给奸妇的丈夫处置，如果奸妇的丈夫饶恕他，便可获得自由；如果不予饶恕，将由奸妇的丈夫用一块大石头从高处砸他的头部，将他处死。

玛雅妇女从小受到严格的行为举止教育。父母，尤其是母亲教育自己的女儿，在经过男人身边时，要侧转身体，避让到路边；在给男人斟酒时，也要扭转身体等他喝完。母亲以自己为榜样把女儿培养得循规蹈矩，女儿稍有不端，母亲便施加惩罚，或责骂，或用鞭子抽打，使女儿感到羞愧难当。

玛雅人的婚俗是早婚，一般情况下，男子 18 岁，女子 14 岁便可结婚。玛雅人一般实行一夫一妻制，婚事由父母包办，如果男子自己求亲，被认为是有失尊严；由女方父母主动提亲也同样被认为是不体面的事。在议婚阶段，人们习惯于由媒人牵线，商议嫁妆和聘金。男方家长付聘金，女方家长则为女儿准备嫁妆。

婚仪进行时，人们都聚集在新娘父亲的家里，举行盛宴。结婚后，新郎住在女方家里要达 5 年之久，帮助岳父劳动，这被称作"婚役"。如果男方不肯干活或表现不好，岳父可以把他赶出家门，不承认这门亲事。5 年后，岳父如果满意了，丈夫才能把妻子带回自己的家中。

玛雅人的生育观是多子多福，希望儿女成行。缺少儿女的妇女往往用供奉祭品的办法祈求神灵，请求神灵赐给她们儿女。

玛雅人相信人在死后，会在另一个世界里照样生活，因此，在人死后，人们在死者身旁放几颗石子当作钱币。但玛雅贵族死后，却要有陪葬的物品和殉葬的人。从帕伦克金字塔王陵的考古发掘物中，证实了这种贵族丧葬制度。葬于帕伦克金字塔中的这个酋长，头戴王冠，面戴玉石面具；身佩玉珠、项链、胸饰；手戴玉珠手镯、玉制戒指等。此外，墓中还有 6 位贵族作为人殉的尸骸，意即让他们在另外一个世界陪伴君王。墓中还有许多玉珠和其他贵重的祭品，散落在各处。

▉ 玛雅文明的神秘消亡

但是，这个曾经高度发达的玛雅文明却在公元 10 世纪时突然消亡，对于这个问题，直至今日仍然是困扰人们的一团迷雾。

有学者提出，玛雅文明的瓦解是由于手工业生产——交易圈出现偏差，导致专业生产者的增长和住在城市里的人口的增加，生产的比率超过了生活资料的生产的增加比率，造成了文明的瓦解。

有些学者则用内部对外部系统的反应模式来解释它的消亡。他们认为增长的人口对生活资料生产产生了压力，但内部的反应又是一个失败的反应，即对内部的薄弱与分崩离析不但未采取相应措施，反而去创造海上贸易通路，结果为外部的入侵提供了前提。

有些学者认为是由于仪式中心城市周围人口过分集中，特别是非农业手工业人数的激增，使食物的生产无法满足人口激增的要求，结果导致衰亡。

有些学者从生态环境角度来进行解释。即面对人口增加的压力而过度使用高地耕地，致使山下低地的台田被淤土壅塞，使农业荒废造成衰亡。

有些学者则主张是社会原因导致衰亡的。他们认为农民的过重负担，导致统治者和被统治者之间的尖锐对立，农民被迫揭竿而起，进行流血革命，玛雅文明由此衰落。另一种社会原因说认为是由于外部的入侵。即由于玛雅各地方势力争夺林区霸权而引起战争，导致墨西哥高地的外部敌人——提奥提瓦堪人的入侵，玛雅文明被瓦解。

后来，随着对玛雅文明考古的新发现，以及对不少玛雅象形文字的破译，人们对玛雅文明的衰亡原因又有了新的认识。有学者认为，战争和暴力是玛雅文明消亡的主要原因，战争包括王族之间的争权夺利和王国之间的穷兵黩武，迫使人民起来反抗，连年的内战导致了玛雅文明的毁灭；玛雅人喜好暴力，屠杀俘虏，甚至用活人祭祀，破坏了社会生产力，使玛雅文明衰亡；还有学者认为人口过多，滥伐森林，破坏生态环境，也是玛雅文明消亡的一个重要原因。但是，究竟是哪种原因毁灭了玛雅文明，人们还没有一个统一、准确的答案。

探寻神秘消失的王国

消逝的姆大陆

20 世纪以来，越来越多的科学家相信：大约在距今 12000 年前，太平洋中曾经存在过一个高度文明的古大陆，这个古大陆的名字就叫姆大陆。

据说，姆大陆的面积占据了南太平洋的大半部，南起塔希提岛，北接夏威夷群岛，东至复活节岛，西止马里亚纳群岛，东西长约 800 万米，南北宽约 500 万米，面积相当于南北美洲面积的总和。现在的波利尼西亚群岛、密克罗尼西亚群岛、美拉尼西亚群岛上的居民，据说就是姆大陆遗民的后裔。

塔希提岛

夏威夷群岛

英国人种学家麦克米兰·布朗是最早提出太平洋中曾有过古大陆的人。

20 世纪初期，他在《太平洋之谜》一书中，首次提出远古时期太平洋曾经有过一个高度文明发达的大陆。此后，有关这方面的著作屡见不鲜，以英国学者詹姆斯·乔治瓦特的研究成果最具影响力。

复活节岛

马里亚纳群岛

詹姆斯·乔治瓦特通过大胆的假设、广泛的调查，独到的推理乃至充满自信的笔，勾勒出远古时期太平洋中姆大陆的概貌。1931 年，他的名著《消逝的大陆》在纽约出版，成为轰动一时的畅销书。此后，他陆续推出了《姆大陆的子孙》、《姆大陆神圣的刻画符号》、《姆大陆的宇宙力》等一系列专著，奠定了太平洋中古大陆学说的基石。

关于消逝的姆大陆，乔治瓦特是这样描述的：

在远古时期，太平洋中曾经存在过一个古大陆，它是人类文明的摇篮，鼎盛时期的人口约 64 万，生活在这个大陆的居民有黄、白、黑各种肤色的人种，他们无贵贱之分，和睦相处。古大陆的国君名叫拉·姆，他既是古大陆的最高统治者，又是最神圣的宗教领袖。姆大陆居民信奉单一的宗教。

古大陆的居民拥有高度的文化，在建筑和航海方面尤其出类拔萃，他们在世界各地都拥有殖民地。

古大陆上共有 7 大城市，其中希拉尼普拉是首都，交通发达，尤其是水运，人口众多，并且经济繁荣。

古大陆没有险峻的高山，只有看不到边的绿色平原和低缓的丘陵，土壤肥沃，连年丰收，终年植物繁茂，四季花果飘香。莲花是古大陆的国花，在水滨尽情地绽放，树林里各种鸟尽情地歌唱。原始森林中野象成群漫游，双耳不时扇动，拍打着骚扰的飞虫，到处是一派宁静祥和的气氛。

可是，有一天古大陆发生了可怕的轰鸣，霎那间，天崩地裂，山呼海啸，火山喷发，岩浆流溢，古大陆的居民与辽阔的国土，在一夜之间沉入汪洋大海之中，仅有几处高地露出洋面，侥幸生存下来的居民被隔离在一座座小岛上，一个十分发达的古大陆突然从地球上消失了，再也没有人记得曾经有过这样一个古大陆，更没有人知道这里曾是人类文明的发源地……

乔治瓦特将远古时期太平洋中姆大陆的情形活灵活现地呈现在世人面前。

姆大陆消逝在哪里

人们相信姆大陆存在并已经沉没，但是，对于其是否在太平洋，人们还有新的说法。

1863 年，法国学者德·布尔在马德里皇家历史学会图书馆里，发现了西班牙征服中美洲时代的神父狄埃戈·德·兰达撰写的《尤卡坦事物考证》，又称《尤卡坦纪事》手稿，他根据手稿中记录的玛雅象形文字草图，阅读了现收藏在西班牙的玛雅文献《特洛阿诺抄本》，发觉其中有两处记录了一个名叫"姆"的大陆因火山灾害而消失。他认为姆大陆位于大西洋中，姆大陆一名由此而来。

中美洲尤卡坦半岛玛雅遗址的最早发掘者、法国学者奥格斯特·普伦金（1826～1908），在其所写的《姆大陆女王和埃及斯芬克斯》一书中，依据《特洛阿诺抄本》和玛雅遗址奇钦伊扎中的壁画等材料，作出了颇富罗曼蒂克的设想。他认为，古代近亲结婚较为普遍，当时姆大陆由女王姆当政，为了获得女王的爱，她的亲兄弟科（美洲狮）与阿克（龟）展开了生死搏斗，最后阿克杀害了科，霸占了女王姆，并从她手中攫取了对姆大陆的统治权。女王姆感到耻辱，于是逃奔埃及，为了悼念死去的兄弟科，她兴建了斯芬克斯像，自己改名伊西丝（埃及女神），创建了灿烂的埃及文明。

普伦金也认为姆大陆消失在大西洋中，与德·布尔的观点不谋而合，但与乔治瓦特的观点相差很远。然而他们都一致认为，中美洲的玛雅人是姆大陆的移民。

乔治瓦特的研究成果还表明，姆大陆的居民和古代印第安人一样，崇拜太阳神，不仅懂得使用火，而且还创造了人类最早的文字——一种原始的刻画符合。他们用长方形表示国土，盛开的莲花表示姆大陆……这种刻画符号在世界上许多古老的石建筑上都可以见到，其中有些刻画符号实际上就是纪念姆大陆消逝的碑铭，只不过无人能够读懂而已。此外姆大陆的居民还会烧

斯芬克斯像

陶、编织、绘画、雕刻、造船以及航海，渔业也很发达。

至于姆大陆消逝后遗留下来的城市遗迹，乔治瓦特认为，在太平洋诸岛上比比皆是。当时属于姆大陆一部分的复活节岛幸免于这场灾难，没有沉入海底，现在岛上的众多巨人石像和刻有文字的石板很可能就是姆大陆的遗物。

波纳佩岛附近的南马特尔小岛上的建筑遗址，以王陵所在的"神庙岛"为中心，共有 90 余座人工岛，每座岛上均有高约 10 米的玄武岩石城墙，岛上还设有防波堤、牢狱等，据说也是姆大陆的遗迹。塔西提岛上有一种类似中美洲金字塔的建筑物，也是姆大陆的遗物……这样的例子还有许多。这些互不相关的遗迹、遗址和遗物，果真是消逝的姆大陆居民创造的吗？从最新考古研究成果来看，太平洋诸岛上的居民居住历史至多不超过 3000 年。如何解释 12000 年前消逝的姆大陆与太平洋诸岛之间的时间差异呢？

值得一提的是，乔治瓦特依据的最重要文献材料之一《拉萨记录》，是在中国西藏拉萨某寺院中发现的，它是记载 4000 年前占星术的文献。他依据的

其他几件原始文献——玛雅古文献《特洛阿诺抄本》、《德累斯顿抄本》、《波斯抄本》、《科特西亚抄本》等，也是记载占星术的文献。这些文献中都记载了姆大陆消亡的情况。

《拉萨记录》中提到姆大陆的沉没，是发生在编写该书之前8062年的事件，《拉萨记录》是距今4000年前的作品，据此可以推知，姆大陆的沉没是在距今1.2万年前，恰与亚特兰蒂斯大陆（大西洲）沉没的时间相当。乔治瓦特认为这两个古大陆是由于共同的原因沉入汪洋大海之中的。

南马特尔小岛上的建筑遗址

乔治瓦特还根据多年的研究成果，描绘了姆大陆居民的移民路线。他认为，人类文明发源于姆大陆，继而传播到美洲大陆，然后又从美洲大陆传播到大西洋的大西洲，最后才从那里传播到埃及、欧洲和非洲，因此，姆大陆是人类文明的摇篮。

1968年，日本东海大学海洋研究所的"白凤丸"号科学考察船，在西北太平洋深海海底打捞出一块花岗岩石头，当时它被认为可能是来自阿留申群岛的洋流携带而来的。无独有偶，1973年10月23日，日本东海大学海洋考察船"望星丸"号，在九州岛附近的海域打捞出一个含有花岗岩的大锰块，显然再用洋流来解释锰块的来源未免牵强附会。根据现代地质学常识，大洋的地壳是由较重的玄武岩构成，大陆的地壳由较轻的花岗岩构成，海底地壳与陆地地壳存在着本质的差异。于是，科学家们将这两起发现联系起来推测，它们会不会是沉入海底的姆大陆残留物呢？

最后需要提出的是，在地质学上，一般认为地球上最后一次造山运

动——阿尔卑斯造山运动，发生在距今 6000 万年前，而乔治瓦特却认为地球上山脉的形成是在距今 12000 年前，两者之间的差异如此之大，该如何解释呢？地球表面发生过许多复杂的变化在浩瀚的太平洋中，果真存在过这样一个高度文明的姆大陆吗？也许这仅仅是人类的一个幻想而已。

何处寻找大西洲

大西洲，又称亚特兰蒂斯，也像姆大陆一样，像一团迷雾，一直困扰着人们。千百年来，先是西方人，继而是东方人，都对此怀有浓厚的兴趣，并不断地寻找其踪迹。科学家们为此写下了许多论文与专著。内容涉及历史学、考古学、人种学、地理学、地质学、气象学和生物学等等领域，俨然成了一门新科学——亚特兰蒂斯学。

古希腊大哲学家柏拉图（前 427～前 347）是最早记载有关大西洲传说的人了。公元前 350 年，柏拉图在 2 篇著名的对话集《泰密阿斯》和《克利斯提阿》中详细记述了亚特兰蒂斯的故事：传说在 1.2 万年以前，离直布罗陀海峡不远，在美洲、欧洲和非洲之间浩瀚的大西洋中曾存在过一个神秘的大陆，名叫亚特兰蒂斯大陆，或者叫做大西洲，其面积有 2000 多万平方千米，"比亚洲和利比亚合起来还大"。这个岛国气候温和、物产丰富、森林茂密、土地富饶、经济繁荣、科学发达、建筑宏伟、国富民强，威震天下。可是好景不长，有一天，在一次

古希腊大哲学家柏拉图

特大地震和洪水中，整个大西洲沉没海底，消失于滚滚波涛之中，踪影全无。

于是，在这之后，人们对大西洲产生了一系列的疑问：大西洲究竟存在于何时？又是如何消失的？其位于何处？为此，许多学者和专家进行了探寻和研究，也给出了许多不同的解释。

在古代和中世纪，就有许多富有兴趣而又勇于探险的考古学家进行过尝试，想找到柏拉图所描绘的那片富于诗意的绿洲。有的学者提出，正如柏拉图所述，在大西洋中部可能的确存在过一个幅员辽阔的大洲，亚速群岛、威德角群岛和马黛拉岛这些大西洋上的岛屿，也许就是大西洲仅有的陆地。中世纪晚期，在欧洲人寻找新大陆的热潮中，还有人把大西洲的位置画在了他们的航海图上。

1882年，美国学者唐纳利运用考古、语言、人种、地质、植物和动物等方面的知识对之进行综合考察，提出了一个假说。他提醒人们注意，在哥伦布发现美洲以前，美洲与地处旧文明大陆的埃及文化之间有许多惊人的共同之处。如部分金字塔的建筑结构、木乃伊的保存方法、历法等等，两地文化之间有着共同的起源和相互影响，而双方联系的中介者就是新旧大陆间有大西洋上存在过的大陆，即柏拉图所说的大西洲。这片大陆沉落海底后，中断了新旧大陆的交往。但是，唐纳利关于大西洲失落于大西洋中部的推断被自然科学家们否定了。

1958年，美国学者范伦坦博士在巴哈马群岛附近的海床发现，那里有着许多巨大的各种形态的几何图形结构和长达好几百里地的线条。又过了10年，他在同一地区的海底又发现了长达几百千米的城墙，此墙由每块16立方米的大石块砌成，他还发现了几个码头和一座栈

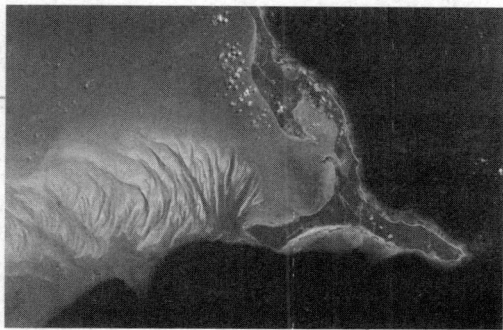

巴哈马鸟瞰图

桥，这显然是沉没了的港口旧址。一时间，许多人都认为大西洲很快就要露出庐山真面目了，探险家们也纷纷来到巴哈马群岛的这片海域进行探寻。海底的石墙和码头引起了人们对失落了的大陆的种种猜测和遐想，但这些假说很快又被海洋学者推翻。

一些学者从地质变化和化石发现的角度认为，亚速尔群岛北部海下的2300米处的岩石是1.7万年前在空气中形成的。有些学者进而指出，沉睡在亚速尔群岛海底的亚速尔高原在古代曾是一块陆地，它的形状与大小同柏拉图记述的大西洲相似。1974年苏联海洋考察船在直布罗陀海峡以西300海里的地方发现了一座海底城市，许多人认为这正是大西洲的城市遗址。不久，还有人在海地和古巴等地沿岸海底发现了一些金字塔及其建筑遗址，进而认为加勒比海正是大西洲大陆的所在。古代巴比伦人和埃及人以及非洲一些部落就认为大西洲是在他们西边的大陆；而美洲的印第安人则认为大西洲是在他们的东方。

长期以来，人们不懈地努力探索，把眼光从大西洋海域移向太平洋海域，也从海域移向邻近水系的广阔陆地，墨西哥、北欧、北非和澳大利亚乃至中国和印度都成了人们对大西洲的"怀疑对象"。然而，这种种假设仍被人们考察的结果无情地否定了。

目前，多数考古学家倾向于认为，地处地中海东部水域的克里特岛更为接近大西洲的历史地理条件。1870年，德国考古学家谢里曼在希腊的伯罗奔尼撒半岛东北部发掘出了迈锡尼遗址，过了35年，英国考古学家伊文思又在克里特岛上发掘出更

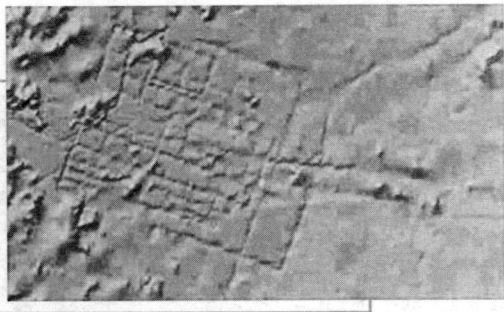

疑是大西洲的海底城市

早的米诺斯文明遗址。这2件考古学上的伟绩轰动了世界，人们不约而同地将它们与"失踪"的大西洲联系起来。许多学者认为，现存的克里特岛只是大西洲岛国的残余部分，因为克里特曾是欧洲古代文明的发祥地。公元

前20～前15世纪的450多年间是米诺斯文明的黄金时代，其社会经济与对外贸易曾十分发达。但在经历了四五百年的繁荣期以后，它却遭到了大西洲式的厄运：一场突如其来的火山、地震、海啸连续爆发，吞没了岛上的一切。

但是，要在桑托林、克里特与大西洲之间划上一个等号，还有一个很大障碍需要突破，这就是在时间和面积上，两者相差近八九千年和72万平方千米。

所以，大西洲究竟在哪里？它什么时候存在？为什么消失？传说的大西洲大陆与现在大西洋之间有何关系？这一系列疑问仍是未解之谜。

印度洋中的古大陆

除了在太平洋和大西洋，人们认为在当今的印度洋上，也曾经存在过一块神秘的大陆，这就是雷姆里亚大陆。

关于雷姆里亚大陆，人们很早就对它有过大胆假设，而且近乎神奇。早在19世纪后半叶，地质学家们就开始探讨非洲南部与印度半岛之间是否存在过"地桥"——雷姆里亚大陆的问题。特殊哺乳类动物生息的马达加斯加岛、巨大陆龟生活的阿尔达布拉群岛、塞舌尔群岛、马尔代夫群岛、拉克代夫群岛等等，从非洲南部一直延续到印度半岛南端之间。据此，地质学家们推测，这些岛屿莫非是古大陆的残余？

1887年，奥地利史前地理学家梅尔希奥尔·纽马伊亚在其出版的著作《古代大陆》中，描绘了侏罗纪的世界地图，这张地图表明印度与马达加斯加曾是一个相互联结的整体。

奥地利地质学家爱德华·杜斯认为，古生代时期，南半球存在过一个广袤的"贡达瓦纳大陆"，而北半球则存在过"北阿特兰提斯大陆"和"安格拉大陆"。

德国生物学家思勒斯特·海因里希·赫凯尔发现，一种栗鼠与猿杂交的动物"雷姆尔"，原来生活在马达加斯加，但在远隔大洋的非洲、印度、马来半岛也能见到。据此，他断定，马达加斯加与印度之间的"地桥"直到新生代依然存在，而且，他还认为沉没的大陆很可能就是人类文明的发祥地。

英国动物学家菲力浦·斯科雷特在赫凯尔研究成果的基础上，提议将这个消逝的"地桥"命名为"雷姆里亚"。

德国地球物理学家、气象学家阿尔弗雷德·威格纳（1880～1930），在1912年提出了著名的"大陆漂移说"。他认为大陆和海洋分别由质地不同的花岗岩和玄武岩构成，因此在很长一段地质年代里，大陆一直在海洋上漂移，不断发生分离、结合，从而形成今天地球表面陆地与海洋的分布状况。

威格纳认为，在古生代，大陆是一个整体，名叫"潘加阿大陆"，中生代发生漂移，新生代第四纪冰川来临时，发生分裂。但是，假如威格纳的论点成立的话，那么分离的陆地之间分布着不同的生物也就不难理解了，"地桥"——雷姆里亚大陆根本就不可能存在了。

然而，文献资料和神话故事对消逝大陆的描绘，却令人深信不疑。

公元前1世纪的希腊历史学家提奥多罗斯，记载了一个名叫伊安比罗斯的商人，漂泊到南方大洋中一块陆地上的奇特而又曲折的经历。

德国地球物理学家、气象学家
阿尔弗雷德·威格纳

这个商人途经阿拉伯，前往"香料之国"。不料，途中被海盗抓去，带到埃塞俄比亚，他与另外一个囚徒偷偷地准备了6个月的干粮，驾着轻舟逃离虎口，向南行进，在海上漂流4个月后，被海风吹到一座岛上。

这座岛周长约90万米，气候四季如秋。居民的体形奇特，但并不丑陋，他们性格敦厚，知识丰富，精通占星术，使用独特的拼音字母，在圆柱上写有文字，人均寿命达 150 岁，无贫富差别，男女平等。岛上生长着一种苇草，果实可以吃，还有温泉、冷泉，赋予人类健康和长寿，岛的周围海中有 7 座小岛，亦有居民居住。

这个商人在岛上生活了 7 年，最后辗转印度、波斯返回希腊。

提奥多罗斯还记载了东方理想国——潘海伊亚。这是一个与阿拉伯进行香料和药品交易的国度，有 7 座城市，最大的是帕拉那。城中有一座富丽堂皇的大神庙，景致优美，树木、草地、花园、水流融为一体，相映成趣，可爱的小鸟啁啾鸣叫，大象、狮子、豹等动物一应俱全。居民都喜爱武术，普遍使用两轮马拉的战车。

居民分为 3 个阶层，即祭司与手工业者、农夫、士兵与牧民，祭司权势炙人，生活奢华。每年岛民选出 3 人共同治理国家，实行"三头政治"。居民个人拥有的财产通常是房屋和庭院。一般居民普遍穿羊毛衣服，男女均佩戴黄金饰品，贵重金属矿产丰富，但不准携带出境。

阿拉伯地理学家们认为岛的周长将近 500 万米。据 4000 年前的埃及王国时期纸草文献记载，漂泊到岛上的船员们，在世外桃源般的岛上开始生活后，这座岛屿的统治者——大蛇便出来劝告道："这座岛屿不久即将沉没。"

希腊人从远古时代起，一直称呼传说中消逝的大陆居民为"普利塞利里特人"，据说这个大陆气候宜人、土地肥沃、人丁兴旺，后来因为触犯神灵而沉入大洋底部。

斯特拉波、普利里乌斯等古希腊、罗马学者，均写过东方大洋中的大岛"塔普罗巴赖"的事情。

古代泰米尔族历史学家们对自己祖先的发祥地进行考察坚信，在遥远的古代，祖先们生活在位于赤道附近一块名叫"纳瓦拉姆"大岛的南部，大陆的首都"南马德拉"后来沉入印度洋海底。

泰米尔族使用的语言是泰米尔语，迄今在印度次大陆南端马德拉斯邦、斯里兰卡等地仍在使用。这种语言是南亚德拉维亚语系中，远古时期最为发达的一种书面语。这一系列的文献记载和神话传说，都说明印度洋中，曾经

101

存在过一个鲜为人知的"雷姆里亚大陆"。

最近，前苏联语言学博士、地理学会员亚历山大·孔德拉特夫在其著作《三个大陆的秘密》中，从语言学角度探讨了南亚德拉维达语系与雷姆里亚大陆的关系。通过将印度文明中代表性的遗址摩亨佐·达罗、哈拉帕出土的印章和护符中的象形文字输入电脑，与其他地区的语言进行比较后发现，它们吸收了苏美尔人的语言，与德拉维达语最为接近。因此他认为印度文明与苏美尔文明起源于同一个文明，而这个更为古老的文明已伴随着雷姆里亚大陆的消逝而烟消云散。

尽管雷姆里亚这一名称在 19 世纪即已出现，但是对印度洋的正式调查则始于 20 世纪 60 年代。

1968 年，美国斯库里普斯海洋研究所对印度洋中央海岭，进行了科学调查，发现大西洋底有 4 条南北走向的大海岭，其中 2 条大海岭今天仍在不断增大。活跃的海岭与不活跃的海岭为何能同在一个大洋底部，这是一直令人费解的地方。

马达加斯加岛、塞舌尔群岛，以及澳大利亚西部的布罗肯海岭作为古大陆的一部分，是怎样从周围的大陆中分离开来的呢？这还是一个令人难以解释的谜。

科学调查结果表明，对印度洋底部地形最为复杂的西北部马斯卡林海域进行钻孔地质调查，发现这一带海底下沉了一千几百米。这是在数千万年的地质年代里发生的。

根据板块结构理论，喜马拉雅山与印度洋是由于共同的成因形成的，由于印度板块向正北方向移动约 500 万米，与亚洲板块相撞，形成巨大的喜马拉雅山。那么，雷姆里亚大陆是否就是在此时沉没的呢？据考察，这个变动发生的年代至少可以追溯到 4500 万年前。

最新调查结果表明，印度洋海底地壳活动频繁，有些部分持续下沉，有些部分在不断增长。这些缓慢不断的变化是否可以证明雷姆里亚大陆曾经存在过呢？这些都还需要人们进一步去证实。

亦真亦假示巴女王

《圣经》是基督教的经典，也是世界上有史以来再版和印数最多的书。它既是文辞优美晓畅的文学佳作，也是读来饶有兴味的历史故事集。尤其是成书于公元1世纪的《旧约全书》，它还含有较高的历史文献价值。但是，它也给人们留下了一些颇为难解的历史谜团。示巴女王和示巴古国是否确实存在就是其中之一的谜团。

《旧约全书·列王记》第10章和《历代志》第9章中有这样一段记载：公元前10世纪中叶，当以色列王国在国王所罗门治理下国泰民安、兴盛至极的时候，异国君主示巴女王因仰慕所罗门的智慧和声名，在庞大的随从队陪同下带着香料、宝石和黄金，浩浩荡荡地抵达耶路撒冷，拜见以色列国王。她向所罗门表示敬意，献上厚礼，并提出一些难题让对方回答。所罗门机智地作了解答，更使女王尊敬不已。所罗门对女王也热情相待，并在她回国前回赠了礼物。

这段简短的记述非常精彩，示巴女王的出现引人注目。但是，这位女王来自何方？出身于哪个民族？《圣经》里再无其他描述，甚至她名字叫什么也无从得知，唯一可以推断的是，从女王携带的礼物来看，她统治的示巴王国是一个很富有的国度。《旧约全书·以西结书》第27章也明确提到，示巴王国是以从事香料、宝石和黄金贸易出名的。

示巴女王虽然在《圣经》中只是简短的一笔，但是其闪烁的神秘色彩，引起了历代史学家、文学家和民间艺人的极

所罗门和示巴女王（油画）

大兴趣，由此而生了种种臆想和浪漫离奇的传说。

在中世纪，有一个流传很广的传说。在传说中，示巴女王被说成是预晓耶稣将受难于十字架的女先知。据传她在去耶路撒冷拜见所罗门的途中，曾遇到一座小桥，她的幻觉中突然闪现出救世主将被人用这座木桥上的板木钉死的可怕图景。于是她绕道而行，并虔诚地向这座桥祈祷祝福。所罗门得知这个不祥之兆后，立即命人把桥板取下深埋地底，以为就此万事大吉了。却不料后来仍被人挖了出来，成了恶人加害耶稣时所用十字架的板材。

除了这种神乎其神的传闻外，示巴女王在中世纪和文艺复兴时期的宗教艺术中，时而作为美丽的女王形象，时而又作为丑陋的女巫形象交替出现。在西欧许多国家现今所存的哥特式教堂里，人们仍可以看到表现内容迥然不同的女王形象。在法国的哥特式雕刻中，示巴女王还被不可理解地塑成了一位跛足者。这究竟是当时有史实依据的人物特征描写，还是凭人随意想象的艺术处理，就无从得知了。

在非基督教信仰的世界里，示巴女王的形象是基本上被丑化了的。犹太教的传奇故事，把示巴女王描绘成有着毛茸茸双脚的恶魔形象，并把她比喻为古代亚述和巴比伦神话中诱人堕落的淫妇。而在伊斯兰教的传说中，示巴女王被贬斥为妖怪，说她所行之事对人类来说大都意味着灾难。

在近代文学作品中，也不乏对示巴女王的想象与描写，又同样是褒贬不一。19 世纪法国小说家福楼拜的笔下，示巴女王是诱惑隐士邪欲的化身。而在 20 世纪

示巴女王

著名诗人叶兹的诗中，女王的才智和品德又成了被赞美的主题。

不过，在许多国家较为流行的民间传说中，示巴女王还是更多地被描绘成天生丽质、聪颖不凡的动人女性，并传说所罗门在耶路撒冷见到她的时候，就为其美丽的外貌和端庄的仪表所倾倒，两位互相爱慕的君主还结成了金玉良缘。埃塞俄比亚的传说中说，虽然所罗门对示巴女王一见钟情，却无奈女王对他无意。后来，所罗门设计引诱，才逼迫女王成婚的。他们在婚后生下一子名叫曼尼里克，以后随示巴女王而去。曼尼里克长大后到耶路撒冷拜谒父亲，并被封为埃塞俄比亚的第一代皇帝。有趣的是，直到这个非洲古国的末代君主、著名的海尔·塞拉西老皇帝在位时，他还以自己是示巴女王和所罗门的嫡传后裔自居呢。

有关示巴女王的这种种传说，尽管充满了传奇色彩，但显而易见的是它们都缺乏考古或文字所提供的可靠依据。示巴女王是否确有其人，至今还是一个谜。

真实存在的示巴古国

与示巴女王密切相关的，是示巴古国是否存在？如果存在，它又在哪里？这些问题经过学者们长期的考察和新的考古发现证明，示巴古国并非是虚无缥缈的传说，而是确有实据的事实了。

人们已初步断定《圣经》中提到的示巴王国位于濒临红海的阿拉伯半岛西面，在现今阿拉伯也门共和国境内。它是公元前 10 世纪兴盛一时的文明古国之一，在古代东方的发展史上曾起过积极影响。示巴古国由于紧靠当时的通商要道红海，同与红海相接的以色列、埃及、埃塞俄比亚、苏丹等结成了密切的贸易关系，商业一度十分发达。

示巴古国盛产香料、宝石和黄金，这使它在产品交换中处于十分优越和有利的地位。据说，示巴商人当时已经会利用红海的季风之便远洋航行了。他们在每年 2~8 月海风吹向印度洋和远东时，便加大对这个地区的贸易运输量。等 8 月以后海风回吹时，他们又溯红海而上与以色列和埃及交往。这个季风的秘密长期未被泄露，直至公元 1 世纪时才被希腊人发现。示巴的陆路贸易也很发达，骆驼商队活跃在阿拉伯半岛和西亚的广阔地带上。

如果说，示巴王国是存在的，那么它是否有自己的首都呢？答案当然也是有的，据考证，示巴王国的首都就是现在阿拉伯也门共和国的东部城市马里卜，现在这个城市还是沿用着古代名称。公元前1世纪希腊史学家奥多勒斯，曾形容马里卜是一个用宝石、象牙和黄金做艺术品装点起来的城市。这种描写也许有些过分，但马里卜过去的华美、繁荣也是一个不争的事实。

过去传说马里卜建有一个规模巨大的蓄水坝。水坝都用大石块铺砌，石块之间密接无缝，显示了示巴人民高超的建筑和工艺水平。这座水坝对马里卜和周围广大地区人民的生活和生产，起到了防范洪水冲击和提供灌溉系统的良好作用。这座水坝维持供水达12个世纪之久，公元543年，因年久失修而塌陷。现在马里卜发现的水坝遗址，使古老的历史传说也有了生命力。

另外，人们还在马里卜郊外沙丘上发现了一处设计奇巧的建筑物废墟，考古学家们证实它是公元前4世纪所建的"月神庙"，当地人把它称为"比基尔斯后宫"，而比基尔斯是他们对示巴女王的称呼。后来，人们总想找到那位神秘女王的踪迹，但从挖掘出的刻石和文物中却寻觅不到她的倩影。

马里卜塌陷的蓄水坝和古建筑遗址

不少"示巴迷"们认为，这个古兰国的居民来自幼发拉底河一带的闪米特人部落。他们崇拜太阳、月亮和星星，所用文字和字母与古代腓尼基人相近，与古代埃及手抄本的文字也有相同之处。这或许能够说明，古代不同国家和地区之间有着共同的、紧密的文化联系。今天人们在埃塞俄比亚也发现了那里有着同也门境内相似的月神庙建筑遗址，这大概说明了示巴文化对邻近各国曾有着广泛和重要的影响。

示巴古迹的发掘，已透射出这个文明古国的奇光异彩。但失落的示巴文化这个历史之谜，还需要人们的进一步去揭示。

寻找沉睡在海底的古城

潜水和打捞技术的发展，对考古学也起了很大的帮助作用。人们利用这些技术，在静静的海底世界里，又找到了不少早已在人世间消失得无影无踪的古城。那些在海底寂寞多时的空荡荡的房屋、寂静无人的街道和残存的城垣，又重新出现在人们的视野。

玛雅古城在密密的丛林里被接二连三地发现，于是人们设想，在茫茫的大海底下，是否也存在着许许多多的玛雅古城呢。不久，这个假想就被证实了：一群水下摄影爱好者在墨西哥尤卡坦半岛的海底，发现了一座传说中的玛雅古城——土鲁玛。它是当地传说中的一座"攻不破的城堡"。一些学者曾经认为，它和"埃尔·多拉多"黄金国的传说一样，纯属无稽之谈。然而，在西班牙中世纪的一部编年史中，曾提到过土鲁玛。据历史记载，残酷的西班牙入侵者，曾经占领并洗劫过这个坐落在墨西哥湾沿岸的富饶的城市。墨西哥专家们认为，土鲁玛古城是由于一次巨大的滑坡而沉入海底的。水下考古者在海底发现了保存得很好的城墙、市中心的宫殿，以及一些住宅的遗迹。他们还发现，在一些神庙建筑物的墙上，还完整地留有彩色壁画和典型的玛雅装饰图案。

无独有偶，意大利水下考古学扎尔德查洛，在离意大利威尼斯和西那波利不远的沿海水下 20 米深的地方，也发现了一些长满着水草的房屋废墟、大理石圆柱，以及广场、街道和港口码头遗迹。据历史学家证实，它就是安德罗斯岛上的古代海港城市皮尔基。这座沉没在海底的历史名城废墟，与海岸线平行延伸，全长足有 5000 米。

在黑海东部的苏呼米湾海底，考古学家发现了一座公元前 6 世纪时米利都移民建造的古城——迪奥司库拉。据历史记载，它曾经是当时的一个重要的国际商业中心，云集着来自希腊、罗马和小亚细亚等地的商人。人们从沉没在海底的城市废墟中找到的遗物，可以证实该城是在公元前 4 世纪末被水淹没的。

在南斯拉夫亚得里亚海东部杜布洛尼湾的清澈的水面下，人们还可以看到有一条石头建筑的长墙遗迹。这是一道淹没在海底的古城城墙。据说，它就是来自古代腓尼基的伊弗道鲁斯人创建的第一座伊弗道鲁斯城。

公元前 373 年，古希腊有一座叫做赫利克斯的海滨城市，由于突然发生了一次强烈地震而导致地壳下沉，汹涌的海水涌进了大街小巷。赫利克斯古城就是这样全部沉到海底了。

在欧洲的地中海沿岸，现在已经知道沉没在海底的古城就有东岸的蒂雷城、西顿城、南岸的阿波罗尼罗城、舍尔舍勒城。在欧亚交界的里海水下 60 米深的海底，人们还发现了一座早已失踪的波蒂古城。

在中国，人们都知道有北京、南京、西京（今西安）和"东京"（今开封）。其实，中国还有另一个地图上找不到的东京。这个东京在福建省东南隅的东山岛外。据传说，南宋末年，为逃避元兵的侵害，宰相陆秀夫曾抱着小皇帝来到这里。随着南宋遗民的流入，东京日渐繁华。可是，正当盛极之时，东京却突然失踪了。据东山县县志《铜山志》（东山旧名铜山）记载："苏峰山（东山岛东面一座海拔 400 多米高的临海大山）对面文华山，俗传宋帝南临，将都南澳（今广东省南澳县），筑此为东京。地遂缺陷为海。自山腹下向海，莫穷其际。今城堞犹存，海中尚有木头，潮退海静，海滨人驾舟往取之。"据记载，这里在南宋末年确曾发生过一次大地震。由此看来，东京城早已沉睡在大海底下了。

海底古城的不断发现，除了给人们带来惊喜之外，还为人们探索那些历史遗留下来的谜团打开了一扇大门。我们相信，人们以此为突破口，必然会将许许多多的奥秘展示在人们面前。

■ 难以寻觅的 "七城"

在中世纪的欧洲，传说有一个地区叫做"七城"，但是"七城"的地理位置一直在几个海岛上游移不定。到 16 世纪初，关于"七城"的神话又在新大陆广为流传。而在美洲的"七城"神话中可以找到 3 个生成元：中世纪神话；印第安人对七洞穴的信仰，认为一些纳瓦部落源于那里；在科罗纳多探测的地区，实际上存在 7 个土著人村庄，人们认为那里拥有巨大的财富。因此，从 16 世纪初起，"七城"一直是欧洲的冒险家和征服者所追寻的目标。

"七城"究竟在何处？这是长期以来一直困扰人们的难题之一。直到 1528 年或 1529 年，人们才最终把它定位在今墨西哥北部无法探测的遥远地方：西博拉和大基维拉。令人感兴趣的是，这个地名神秘地围绕着"7"这个数字旋转，同时它在美洲印第安人传说中也有近似的反映：七洞穴或"奇科莫斯托克"，被认为是墨西哥的纳瓦部族的摇篮。

16～18 世纪，为了彻底揭破"七城"这个谜，一些欧洲人不惜以其财产和声誉为代价，去从事一系列的探险活动。

西班牙殖民者卡维萨·德巴卡（1500～1560）及其同伴最早传出"七城"坐落在新西班牙以北的消息。1527～1535 年，他们从佛罗里达到库利阿坎作缓慢的旅行，并多次被印第安人俘虏。在此过程中，他们可能听到过印第安人的类似传说。此后，另一个西班牙人努尼奥又被派去核实上述消息的可靠性。而在他之先，一位僧侣不仅肯定了"七城"的存在，而且说它们十分壮观，其房屋的大门都是用绿松石制成的，顺便还提到存在所谓的"马拉塔、阿库斯和托顿特亚克诸国王"。这些惊人的传闻在新西班牙引起了巨大的反响，一些西班牙人争先恐后地带领远征队去北美洲各地找寻神秘的"七城"和令人垂涎的金银财富。

与此同时，努尼奥在今墨西哥的哈利斯科，以及在库利阿坎和佩塔特兰的交界处锡纳罗亚河一带，要求印第安人当向导，带领他去"七城"的所在地西博拉；此后，受他派遣的远征队抵达了雅基谷地的皮马人地区。从此，又有不少西班牙人参与找寻"七城"的活动。另一方面，西班牙王室也直接参与远征活动，1540 年新上任的新加利西亚省长弗朗西斯科·巴斯克斯·德科罗纳多（1510～1549），被委任为"阿库斯、西博拉、七城诸省，马拉塔和托顿特亚克王国，及发现的其他土地的最高司令官"。

从当时的西班牙王室官吏到以后的编年史家都相信，在新西班牙的北部存在着神奇的王国，人们迟早会确定其方位。1540 年，一名西班牙殖民者向国王报告他们向北远征的情况："走出这个荒无人烟的广大地区，就是'七城'……人们把它们叫做西博拉"。他所说的这个荒无人烟的广大地区，就是今墨西哥的瓜达拉哈拉以北地区。另一个西班牙人断定那个地区居住着"闻所未闻的怪人"。到 1621 年，一个神父报道说，征服者们"发现并看到了西博拉的平原。他们还说抵达了基维拉王国"。另一个修道士以为，西博拉并不位于俄克拉荷马和得克萨斯的平原上，而是坐落在新墨西哥、索诺拉谷地以北名叫特瓜约的地方。17 世纪前半期，荷兰地理学家拉埃特确定西博拉在加利福尼亚，并把美洲野牛叫做"西博拉母牛"，这一名词已列入西班牙语的词汇里。另外，他还以此作为科阿韦拉州的一条山脉、格朗德河畔的一座城和得克萨斯的一条河的名称。

由此可见，16 世纪中期开始流传的"特瓜约神奇王国"的神话，看来是从西博拉的传说演变而来的。据印第安人向西班牙人的报告，"特瓜约"的首都是个有城墙的城市。周长达数列瓜，城里富有宝石。其国王用金餐具吃饭，并在一棵树底下睡午觉，摇动此树上的金铃可催人入睡；特瓜约的河里游着象马一样大小的鱼儿。

1685 年，一位修道士把这个令人向往、而又神秘的王国确定在离乌塔印第安人的土地很遥远的地方，但是把它叫做"科帕拉"。1776 年，有一支西班牙人远征队探测了神秘的乌塔地区，但一无所获；然而西班牙人就把这个地区命名为"科帕拉和特瓜约王国"。

尽管从 16 世纪初开始，一批又一批西班牙远征队在今美国西南部和墨西哥北部一带进行探测和找寻活动，但是人们一直确定不了"七城"的所在地西博拉和基维拉的方位，并且直到今天，"七城"究竟在哪里还一直困扰着人们。

追寻圣博罗东岛和安蒂利亚岛

在中世纪，人们想象世界是由一系列现实和幻想的岛屿——"海洋群岛"环绕着，托勒密和阿拉伯地理学家埃德里希估计其数量在 2.5 万～2.7

万座之间；但是，直到中世纪，除了其中的 17 座之外，它们都还没有被描述过。一些岛屿的名称多次出现在中世纪末，甚至在整个 16 世纪的地图上；与此同时，在欧洲流传着它们的神话，而这些关于岛屿的神话传说曾刺激欧洲人去美洲进行探险和殖民活动。在这些岛屿神话中，关于圣博罗东岛和安蒂利亚岛的神话在欧洲人的基督教信仰和追求财富方面最富有魅力，从中世纪末起就吸引了航海者为之冒险或献身。那么，它们是否真的存在呢？

关于圣博罗东（或布兰丹、布列丹）岛的传说源于凯尔特人，甚至可追溯到公元 6 世纪。按照有关传说，爱尔兰圣徒博罗东同一批僧侣启航去寻找一个由隐遁的圣徒们所居住的岛屿。在途中，他在一个无名小岛上庆祝复活节，实际上那个小岛是一条鲸鱼的背脊。此后，他们达到了目的，不仅找到了"人间天堂"，"亚当和夏娃的第一个住所"，还碰到了陪伴犯罪魔王的冷漠天使，后者唱着希望赞歌；他们还看到大洋中受到波涛拍击的一块陡峭岩石，犹大就在那里永久地受到精神上的折磨。

圣博罗东岛出现在 15 世纪和 16 世纪的《世界地图》上；1721 年葡萄牙人和西班牙人还在寻找它，甚至直到 1759 年有名海员还信誓旦旦地宣称，他曾遥望到圣博罗东岛。但是，人们对此还持怀疑态度。为此，圣博罗东岛是否存在还是未解之谜。

在传说的岛屿中，另一个最有名的岛屿是安蒂利亚岛，有时也叫做"隐藏之岛"或"失落之岛"，它经常同"七城"的神话相混淆。这个岛出现在中世纪的航海图上，位于加那利群岛和亚速尔群岛的西面，成型于 1367 年的《皮西加尼地图》上，发现美洲之后，该岛又出现在雷奇的《世界地图》、1523 年斯科纳的《地球》和 1587 年著名的《梅尔卡托地图》上。

在佩德罗·科拉尔的《堂罗德里戈国王编年史》中曾提到安蒂利亚岛："它富有尘世的各种东西，……但是，当人们抵达时，它便消失了。"在两份著名的世界地图之一、1502 年的《康蒂诺地图》中第一次标出美洲，但是把新大陆叫做"卡斯蒂利亚的安蒂利亚"。由于佛罗伦萨学者托斯卡内利和哥伦布所熟悉的多名宇宙志学者，如，贝卡里奥、帕莱托、贝尼卡萨等人的指点，哥伦布曾寻找过这个岛屿。传说中的安蒂利亚岛是超自然天堂的原型，那里实行一种神权政治统治。此外，按照西班牙编年史家埃雷拉的说法，为了避开航海者，安蒂利亚岛会变得无影无踪。

在1502年的《卡尔内罗地图》中，绘图者把古巴叫做"安蒂利亚女王（或珍珠）"。最后，16世纪后半期安东尼奥·加尔瓦诺在其信中认为，七城、安蒂利亚和新西班牙是同一个地方。由此看来，关于安蒂利亚岛的传说，可能是海市蜃楼和基督教传说相混合的结果。

除了上述的岛屿之外，在中世纪地图上安蒂利亚岛的北面有一座"撒旦之手岛"或"黑手岛"，它首次神秘地出现在1436年比安科的地图上，据说，在该岛上有两座雕像。它们向航海者指明了航道。然而，"魔鬼之手"时常出现在水面上，把岛上居民拽到海底下。16世纪西班牙的一位编年史家和地理学家把该岛定位在纽芬兰一带，称之为"魔鬼之岛"，但是另一位学者将它置于圣洛伦索的潮淹区。据有人描述，"撒旦之手岛"上总是烟雾弥漫，魔鬼的嚎叫声十分凄厉，令人毛骨悚然，这就使得旅行者知道航船已接近黑手岛了。但是，这座可怕的岛屿是否存在于现实世界当中，至今还没有答案。

哥伦布

哥伦布航行美洲时，既没有找到圣博罗东岛，也没有发现安蒂利亚岛，但是此后人们把加勒比海上的一系列岛屿却叫做安的列斯群岛。但其到底是不是传说中的安蒂利亚岛呢，还有待人们进一步考证。

通天塔是否存在之谜

《旧约·创世纪》第11章曾有这样一段记述：古时候，天下众多的人口，全都说着同一种语言。人们在向东迁移时，走到一处叫示拿的地方，发现一片平原，就定居下来。他们商定在这里用砖和生漆修建一座城和高耸通天的塔，以便传扬名声，免得四处流散。这件事惊动了耶和华，他看到城和大塔就要建成，十分嫉妒人们的智慧和成就，便施法术变乱了人们的口音，使人们言语彼此不通。结果工程不得不停止下来，人们从此分散到了世界各地。大塔终于没有建成。后来有人把这座大塔称做巴别。"巴别"在希伯来文中是"变乱"的意思。其实"巴别"原字是来自巴比伦文，意为"神之门"。

对于《圣经》中这段记述，史学界存在着不同的意见。有的认为《圣经》中这段传说是有史实根据的。《创世纪》中所记述的那座大塔的原型，就是古代两河流域（即示拿）新巴比伦王国时代巴比伦城内马都克神庙大寺塔，这座大寺塔被称做埃特曼安基（意为天地的基本住所）。它动工兴建于新巴比伦国王那波帕拉沙尔（前626～前605）在位时，到其子尼布甲尼撒（前604～前562）在位时，才告落成。传于后世的一段铭文记述道："那波帕拉沙尔已把塔基建好，并建到30肘（约合14.7米）高，但还未建塔顶。后来尼布甲尼撒着手这件工作，把从黎巴嫩茂盛的森林中运来的雪松木斩开，用作建筑材料，又把围墙的大门建造得辉煌壮丽，像白昼那样炫目。"修建时，尼布甲尼撒曾下令：务将塔顶提升，以与天公比高。

而近代考古发掘证明，这种多层方形寺塔，它的结构形式早在苏美尔远古时期就已出现。寺塔是苏美尔人祭神的地方，也是他们观察天象、思索宇宙奥秘的场所。当时人们认为神会从天上利用星的飞行降到寺塔里，来会晤敬神者。尼布甲尼撒兴建的大寺塔共有7层，最下层为黑色，依次为桔红、红、金、黄、蓝、银各色，表示着7星（日、月、火、水、木、金、土）。塔顶上修有四角镀金的小庙，庙里供有马都克神的金像。

据公元前229年的一件墨料记载，大塔地基约90米见方，第7层距地

面的高度也是 90 米。同近代考古发掘测定大塔的地基每边长 90 米大体相符。考古发掘证明建筑用的材料是砖和生漆（沥青），与《圣经》中的记述一致。这座高达 90 米的大塔，相当于一座 20 多层的高楼，在古代确实能给人以耸入天际的印象。被尼布甲尼撒俘虏的巴比伦城内的犹太人曾亲眼目睹过这座大塔，甚至很可能亲自参加过这类建筑的修建。他们在自己的国家里，从来没有看到过这样宏大的建筑物，他们觉得这个高塔会通到天上。《圣经》中提到的耶和华惩罚人们妄想修建高塔，因而创立不同语言的传说，包含有尼布甲尼撒大兴土木时，参加修建工程的犹太俘虏的责咎情绪，有关传说也反映了新巴比伦王国时代，巴比伦城内居民种族众多、语言复杂的情况。

公元前 5 世纪，古希腊历史学家希罗多德在其所著的《历史》一书第 1 卷 181 节中，对这座大塔有过下列记述："在这个圣域的中央，有一个造得非常坚固，长宽各有一斯塔迪昂（古希腊长度单位，约合 185 米）的塔，塔上又有第二个塔，第二个塔上又有第三个塔，这样一直到第八个塔。人们必须循着像螺旋线那样地绕过各塔的扶梯到塔顶的地方去。在最后一重塔上，有一座巨大的圣堂。"希罗多德说塔共有 8 层，可能是把塔基的土台或塔顶的庙也计算在内了。公元前 321 年马其顿王亚历山大远征到巴比伦时，这座大塔已遭破坏，为了纪念自己的武功，亚历山大曾有意重建此塔。可是，据估算，只是清除地面材料，就需动用 1 万人，费时 2 个月，由于工程浩大，亚历山大只好放弃了这个念头。

有的学者不同意《圣经》中提到的通天塔就是新巴比伦时代马都克神庙大寺塔的说法，认为在巴比伦城内，早在新巴比伦时代以前就曾有 2 座神庙，一座叫做萨哥——埃尔（意为"通到云中"），一座叫做米堤——犹拉哥（意为"上与天平"），它们可能就是关于通天塔传说的素材，但是，有关这两座神庙，没有发现更多的史料。

还有的学者认为传说中的通天塔是乌尔大寺塔，它位于巴比伦城东南，遗址占地约 1860 平方米，边长约 41 米，底层高约 8 米，第二层高约 4.3 米。相传，这是古代闪族人从乌尔迁到迦南时建造的。而把乌尔大寺塔视为通天塔，他们认为有 3 种理由：

1. 如果像《圣经》上传说的那样，闪族人曾有过从东方到西方的大迁徙，那可能就是指族长率部从乌尔迁到迦南；

2. 在所有巴比伦的寺塔中，乌尔塔的工程最大，修建时间最早；

3. 此处为造高塔的理想场地，这里是冲积地，上游带来的淤泥提供了取之不尽的建筑原料。

关于《圣经》记述的修建通天塔一事，是否事实？如果确有其事，通天塔修建于何时？修建的始末如何？其规模式样又是怎样的？人们仍然说法不一。至于要解开这些谜团，还需要人们进一步探索、研究。

巴比伦通天塔想象图

重见天日的埃伯拉城

1955 年，一个叙利亚农民在其居住地附近的沙漠里偶然挖出了一件奇物——一个用灰色玄武岩雕成的狮子和一个盆子，盆上刻有行军的武士和宴会的情景。

1962 年，22 岁的意大利考古学家保罗·马蒂埃带领一支考古队到叙利亚考察，他们在阿勒颇以南的特尔——马蒂克村附近的一个地点进行发掘，这里正是 7 年前发现石狮和石盆的地方。马蒂埃注意到，这里有一个面积为56 公顷、高出地面 15 米的大土包，他认为，在叙利亚平原上出现这种干燥多灰的大土包是罕见的现象，因此他推测，这个大土包下或许埋藏着某种人类遗址。

　　1964 年，发掘工作正式开始。4 年后的一天，马蒂埃终于发现了一块用玄武石雕成的无头男人像，服饰高贵、仪态大方，约属公元前 2000 年代的遗物。雕像的两肩之间，用阿卡德楔形文字刻有 26 个字，译作现代文是："埃伯拉国王伊贝特·利姆，把这尊像献给阿斯特尔神殿"。当看到埃伯拉这一词语时，马蒂埃突然意识到，他可能将发现一座像特洛伊一样的古代名城。

　　1973 年，马蒂埃一行人果然发现了一个王宫遗址，王宫周围环绕了又高又厚的城墙，尚有 15 米长的城墙残存着。一年后，又发现了一个小房间，里面有 42 块散落在地上的石牌，上有楔形文字，它的内容证实了这里确是埃伯拉城，也就是消亡了的埃伯拉古王国的首都。

　　当然，最具有历史意义的还是 1975 年 9 月的最后一天，考古队在一个房间里发现了约 1.5 万块泥版文书是，随着又在另外两间房里发现了约 1.6 万块泥版文书。这样大量的泥版文书的发现是史无前例的。

　　埃伯拉楔形文字是最古老的塞姆语，是苏美尔楔形文字演化为阿卡德楔形文字的过渡文种。专家们花费了很多精力，终于将其主要内容译编出来并陆续写成科学报告，在欧洲、美洲、阿拉伯国家的一些城市里相继出版。一个古老文明国家的奥秘初步展示在现代世界面前。

　　在埃伯拉遗迹发现以前，世界上任何人对它都一无所知。从埃伯拉大量的泥版文书中可以看出，在公元前 3000 年的一段时间里，埃伯拉曾是中东最强大的国家之一，到公元前 2300 年前后达到鼎盛，当时它是一个拥有 26 万人口的大国，文化发达，商业繁荣，国势强盛。埃伯拉王国为了控制幼发拉底河流域，与当时另一大强国阿卡德进行过战争，结果被阿卡德国王萨尔贡一世所败，埃伯拉城一度被攻占。数十年后，萨尔贡之孙那拉姆·辛再度攻下埃伯拉城，并将包括王宫在内的整个城市付之一炬。值得庆幸的是：作为最珍贵的历史文物——放置在王宫里的楔形文字泥版却幸免于难。原因是十分偶然的，正是因为这把火熏烤了泥版，使它们烧成了经久不坏的陶土片，导致了它在几千年后出土时完好无损。此后埃伯拉王国又几经兴衰，到公元前 1600 年左右便在历史上完全消失了。

　　初步考释表明，大多数泥版记载了埃伯拉经济账目，有些泥版是有关外交关系、王族内部和国内事务、宗教和文化事务方面的内容。有一块泥版记载着某个国王有 38 个儿子，另一块泥版上刻着：强奸处女者判处死刑。还有一块泥版上开列了 260 座古代城市的名称，可惜大多数地名至今无法查明。其他一些泥版上刻着对几百个不同神灵的赞美诗和咒文，还有学生抄刻的一些作业。专家们还有一项惊人的收获，发现了世界上迄今为止最早的翻译词典，它把埃伯拉语的词汇译成对应的苏美尔语，这保证了研究者们能较正确地理解埃伯拉语这一新语言。

埃伯拉遗址和泥版文书给我们展示了一个早被人们遗忘的文明古国之粗貌。在埃伯拉泥版中，还提到的不少人名、地名、事件，这些与《圣经》中所写的相同或相似，这又引起了人们的浓厚兴趣。

但是，由于泥版上的一些文字是用一种至今无人知晓的古老的塞姆语写的，所以关于埃伯拉王国的很多情况，如埃伯拉王国的政治、经济结构怎样，埃伯拉王国为什么几经兴衰，它在历史上销声匿迹的原因是什么等等却一直还在困扰着我们，有待人们去进一步探索。

■ "死亡之丘" 毁灭之谜

1922 年，印度考古学家 R·D·班那齐等人在印度的一个荒岛上考察时，意外地发现了一座规模宏大的古代城市废墟，这就是后来轰动全世界的 "死亡之丘" ——摩亨佐达罗。经考证，这一遗址与哈拉巴文化同属于一个系统，年代大约在公元前 2500 ~ 前 1500 年。

摩亨佐达罗位于印度河下游，在今巴基斯坦信德省拉尔卡纳县境内。这座古城遗址分为东西两部分。西部地势较高为 "卫城"，大概是统治者居住、开会和宗教活动的场所，聚集了许多重要建筑物。东部地势较低且宽，可能是居民区。卫城南北长 400 米，东西宽 200 米，四周筑有城墙、塔楼、濠沟，都是用烧制砖右砌成的，城墙地底和高约在 10 米以上。城内有浴池、谷仓、餐厅等许多建筑物，其中最为壮观的当称 "大浴场"。浴场中央有个长 12 米、宽 7 米、深 2.5 米的大型浴池，内有梯子可供上下，并设有注水

和排水管道。地面和墙壁上都采用石膏填缝，上面覆以沥青。浴池周围整齐地排列着一些小澡堂，均有狭小的入口和排水沟。浴场东北部有一个长70米、宽24米的大厅，组成较宏传的建筑群，南部是以会议厅为中心的另一组建筑群，西部有座规模较大的粮仓。

令人称奇的是，摩亨佐达罗街市与现代城市有着很大的相似。2条南北向和3条东西向大路纵横交错，把繁华街市分划呈棋盘状似的。宽10米的大路两旁均有完整的下水道设备，能汇集各路雨水和污水。各处还设有孔道。居民住宅临街而建，但临街一面不设门窗，大概是为了避开街市喧闹

摩亨佐达罗复原图

声。每所住宅由多间居室组成，通常是在住宅中心置庭院，四周设居室。令人惊叹的是几乎每家每户都设有浴室、便所和排水的暗沟，并与大路两旁排水道相连，即便是楼上也有排水管附在墙壁上。当时的文明程度可见一斑。

摩亨佐达罗出土不少精美的文物，有精致的陶器、陶塑、青铜器、铜板以及各种带有文字的方形印章。在青铜器的加工工艺上，表现有锻打、铸造及焊接等方法，显示出相当高的文明程度。

摩亨佐达罗所展示的坚固的城墙、整齐的街道、宏伟的建筑、精湛的技术，但是，究竟是什么人建造了它？长期以来，人们还在争论不休。有人认为是居住在当地的土著达罗毗荼人创造的；也有人认为是来自北方的雅利安人创造的；还有人认为是从两河流域输入的。

这座神秘古城，由于人们无法正确释读当地远古文字而留下许多令人不解的谜团，其中最令人费解的是，从古城废墟里发掘出来的骸骼分布所见，这座古城的居民奇迹般地几乎死在同一天同一时刻，因而被人称为

探寻逝去已久的远古世界

TANXUN SHIQU YIJIU DE YUANGU SHIJIE

"死亡之丘"。

究竟是什么原因使这座繁华喧闹的古城，在一夜之间变成人迹灭绝的"死亡之丘"呢？对此，许多学者纷纷揣测、推断，提出各种说法，试图解释这座神秘古城毁灭的原因。

有的学者认为，摩亨佐达罗曾发生过一次历史上罕见的大爆炸，从而造成城毁人亡的悲剧。根据是，人们在城内找到了发生过大爆炸的痕迹。如：在城市中心处有一块轮廓清晰的爆炸中心，而处在中心处的所有建筑物均被夷为平地，破坏程度呈伞状由近及远逐渐减弱。另外，地质学家们曾在爆炸区域内发掘出土过一些由黏土和其他矿特质烧结而成的碎块。据推算形成这些碎块的温度须高达 1400℃~1500℃，这只有在大爆炸的情况下才有可能达到如此高温。同时在古代印度传说中，也曾流传过远古时期发生过一次大爆炸的说法，而且这种奇特的大爆炸在古代中国、近代前苏联都曾发生过。

也有的学者提出，根据地质学资料记载，距摩亨佐达罗不远的地方是一个地震中心，公元前1700年左右，印度河流域曾发生过一次强烈的大地震。因此认为摩亨佐达罗城民可能在这场大地震中死于非命，城市毁于一旦。

还有的学者提出，根据遗址中发现一些尸骨上有刀砍痕迹，在住宅里发现几具异常的人骨等等现象，认为公元前1500年左右，雅利安人入侵印度河流域时，曾对摩亨佐达罗城民进行灭绝人性的大屠杀，造成城民全部丧生，文明衰落。

此外，还有的学者猜测，可能是一场可怕的瘟疫夺去全城居民的性命；也有的学者推测，可能是印度河洪水泛滥，淹没城市，造成城民全部丧生，城市毁灭。尽管说法多多，但是，还都缺乏足够的证据来支持。

摩亨佐达罗遗址

神秘的废墟山城蒂瓦纳科

蒂瓦纳科是一座建立在高山上的石城，从残存的遗迹还可看出，那原是一座坚固而庞大的城池，建筑宏伟而又谨严，四面有巨大石块砌成的高高的城墙，宽阔的石阶通向雄伟的城门，每个城门都用整块的巨石凿成。但是在今天，人们只能看到一片废墟而已。但那些每一块都大得惊人的巨石，仍然不能不唤起人们的惊叹与困惑：到底是什么人建造了这座宏伟的石城呢？

印加人对这些他们到来之前就已经消失的蒂瓦纳科居民毫无所知。他们唯一记得的一个古老的传说：蒂瓦纳科是在洪水退去之后，由来历不明的巨人在一夜之间建造起来的。因为这些巨人不听太阳会升起的预言，所以遭到太阳光线的毁灭，连他们的宫殿也被摧毁。

另一个传说则说：很久以前，一场持续了60个昼夜的大洪水，淹没了所有的城市和村庄。洪水过后，安第斯世界的造物主维拉科查来到蒂瓦纳科，他是个长着胡须的白人。人们在蒂瓦纳科找到了造物主维拉科查的石像，他睁着一双大眼睛，嘴唇周围留着浓髭，与下巴尖削的胡须连在一起。然而南美的土著居民都是不留胡须的。因此，这个维拉科查到底是谁，他从哪儿来，也就成为令考古学家们无法解释的难题之一。

从20世纪50年代起，玻利维亚政府在著名考古学家庞塞·桑金斯主持下对蒂瓦纳科进行了大规模的发掘和研究。发掘和研究表明，蒂瓦纳科的建造和发展，大体经过了5个时期，时间大约从公元前200～1200年，前后经历了1400年的时间。5座城市的遗迹重叠交错，十分紊乱。经过多年考察和研究，但仍有许多疑问无法解决。

在这些疑问之中，巨石建筑技术最令人不可思议。这种巨石建筑，在史前的南美洲屡屡出现。如马丘比丘、皮沙克和萨克塞胡阿曼，但最突出的还是蒂瓦纳科。这座古城使用的巨型石块每块都重达数万千克以上，切割得非常完美，棱角磨圆，甚至表面都做了抛光。在整个巨石建筑中，没有一处使用过灰浆或水泥之类的粘合剂，石块之间拼接得天衣无缝，给人的印象是这些施工者们切割这些巨石就像切割黄油一样容易。要说古代印加人用简陋的石镐就能完成这一切，实在令人无法相信。

在蒂瓦纳科的西南端，有一处废墟，名叫普玛·普库，它是蒂瓦纳科的最大建筑之一，但已彻底倾颓。今天的人们已不知道它原来是宫殿还是庙宇，但它的废墟仍非常宏伟，其中最大的一个巨石平台，长40米，宽7米，高2米，估计巨石重达1000吨！这些巨石加工得非常精细，全部经过打磨和抛光，如同用最先进的机器、硬钢铣刀和钻机制作出来的一样。更令人难以想象的是，在这里还发现了一些大石块制成的预制建筑构件，这些构件上有多处精确的凹槽、轨道和孔洞，几何形状非常复杂。有人曾做过一个模拟实验，将其中3块预制构件的准确数据输入电脑，很快就可以看到，这些凹槽和轨道相互交合得天衣无缝，不用任何灰浆，就能筑起一道没有缝隙的围墙。

即使在科学技术高度发达的今天，制作这样的精密产品，也必须使用先进的设备，必须有预先精确设计的图纸和模具，任何细微的误差都会使构件报废。而史前的印加人不懂得任何金属，也没有文字，那么，谁又是这些构件的设计者和施工者呢？

还有，蒂瓦纳科附近并没有采石场。据考古学家检测，这些巨石是从200千米以外运来的。采石场与蒂瓦纳科之间的道路非常简陋，即使是当今最杰出的工程师，使用最现代的科学技术，恐怕也没法搬运这些巨石。何况我们可以肯定，当时的印加人即使有可以负重的家畜，也没有发明车轮。

在西班牙人刚刚到达这里时，一个教士听印加人说："蒂瓦纳科的巨石，是应着号角的响声，由一些天赋禀异的生物，从空中运到这里来的。"这当然是一个神话传说，但它是否也曲折地反映了某些历史呢？

蒂瓦纳科西北不远就是的的喀喀湖，60年代，潜水员在湖底发现了一些建筑和石块铺成的道路。这些石块琢磨精细，就像一种巨型的智力测验拼图。据印加人的传说，湖底淹没的宫殿是大洪水前的建筑。的的喀喀湖的芦苇岛上住着乌罗人。他们自称，当世界还处于黑暗中时，他们就已存在了。

面对如此神秘的山城蒂瓦纳科，考古学家和史学家们不得不承认，对于它的一切，还有很多需要探索的地方。

火山灰下的赫库尼兰姆古城

公元 79 年，著名的维苏威火山爆发了。这场灾难导致了两座罗马古城镇——庞贝和赫库尼兰姆的毁灭。

公元 79 年的 8 月 25 日凌晨，挟带着火山灰的混合气浪像旋风一样从维苏威火山咆哮而下，猛烈地袭击了意大利海滨城市赫库尼兰姆城。从火山喷出的物质冷却后，把那里的一切都封闭在 66 英尺厚的地壳下面，同时也为人们留下了无尽的奥秘。人们不禁忧心地想：当火山爆发摧毁人们家园时，居住在此的人们是否已经逃离了险区，避免了这一场灾难呢？

约在公元 13 世纪后，在深埋着消失的赫库尼兰姆城的地面上，一座小城被建了起来，这就是瑞森那镇。人们从古书上读到了有关赫库尼兰姆的记载，他们去寻找它，但一无所获。大约沉睡了 1900 年后，在偶然的机会里，在瑞森那城的下面人们发现并证实了这座消失的古城，从而揭开了这座古城的秘密。

从后来的考古发掘中，在庞贝城遗迹，考古学家们发现了大约 2000 多具遇难者的骨骸；但在赫库尼兰姆却没有发现到什么遗迹。因此，考古学家们判断：当火山爆发时，大约有 5000 多居民逃离了这场灾难。

但 1980 年的一次发现改变了人们的这种看法。那是当工人们在挖地沟时，发现了几具 1900 年以前的人体尸骨，它们散布于赫库尼兰姆海滩和海堤上。这次发现过后，工人们开始搬掉覆盖在古老海堤上的火山岩，在那里目前已找到了近 140 具人体尸骨，并且估计，尸骨应该远远不止这些。

科学家们对已发现的部分遗骨进行了检查，塞拉·比塞尔博士，一位研究赫库尼兰姆遗骨的科学家认为，以前从未发现过这样完好的古罗马人的遗骨，这为我们提供了关于古罗马人的丰富实物资料，这些遗骨给科学家们提供了诸如死者的性别、健康状况和大致年龄以及死者生前的职业等许多情况。科学家们通过研究遗骨，了解了许多有关赫库尼兰姆人的情况。

同时，这些遗骨也为我们研究在那场灾难中城里的人们的去向提供了一条线索，使得人们开始重新考虑在当时究竟有多少人在那场灾难中幸存了下来。

比塞尔博士认为：在火山爆发的前一天，几乎没有人离开城镇。那时很少有人看到过火山爆发，因此，人们不可能事先预感到会有危

毁灭赫库尼兰姆的维苏威火山

险。但是，比塞尔博士不禁又提出疑问："为什么这些人在8月25日凌晨1点来到海滩上？他们是不是在等待救援的船只？"。一位研究火山的科学家哈罗得·西格森博士说："那天晚上，人们一定是很警觉的。许多人可能在街上看到了火山爆发的奇景。有些人来到开阔的海滩上，可能因为他们觉得那里会更安全些。"

在研究了许多挖掘出的尸骨后，比塞尔博士说："在许多尸骨旁边有房间的钥匙，这说明人们期望着能返回自己的家。"由此可以想知，当维苏威火山爆发时，赫库尼兰姆人离开了家里，试图去更安全的地方，以便在火山爆发完后重返家园、安居乐业。然而，他们却不知，他们再也无法回到自己的家园了。8月25日凌晨1时左右，一个由高温气体与火山灰混合组成的旋转气团，以每小时97千米的速度，从维苏威山顶席卷而下。当时，可能有许多人一见这个气团便逃向海滩，但是充满火山灰的灼热烟气弥漫了全城，这些人立即窒息而死。紧接着，滚烫的溶岩流过城镇，埋葬了赫库尼兰姆城，同时也将他们埋藏在了18米深的地下。于是，赫库尼兰姆城便毁灭了。

古麻剌朗国王的王陵在何处

古麻剌朗王国是古代东南亚的一个小小的岛国。在明代以前，中国历代

朝廷均不知有这个小国的存在。直到明朝永乐年间，随着国家经济的繁荣与发展，航海事业日新月异，朝廷不断派出庞大的使团对外进行经济、文化交流活动。继郑和七次下西洋之后不久，明成祖又下令让太监张谦率团出使东南亚一些国家，在途经淳泥等国家的航程途中，竟发现了一个以前从不知道的名曰古麻刺朗的小国家。张谦回国后当即将这个重大发现禀报明成祖。

永乐十五年，也就是1417年9月，张谦作为皇帝的特使，手捧明成祖的诏书正式出访古麻刺朗国。他在晋见国王斡刺义亦敦奔时，代表明皇朝向其表达了友好之意，并赠上中国特产绒棉、纱罗、纻丝等礼物。古麻刺朗国王见自己一个小国家竟受到大明皇朝如此恩宠，十分欣喜，心想如果能进一步得到明皇朝的庇护，不但可以以此抵御周围一些国家的欺压和凌辱，而且还可通过贸易往来、文化交流促进本国的繁荣。于是在3年后的永乐十八年，即1420年10月，古麻刺朗国王斡刺义亦敦奔决定启程朝贡大明皇帝。

国王亲自率官员入贡，受到了明成祖的热烈隆重的欢迎和接待。整个京城锣鼓喧天，鞭炮齐鸣，皇城内锦衣卫陈设仪仗，庞大的宫廷乐队高奏起《感皇恩》曲子。斡刺义亦敦奔国王入乡随俗，一切按照中国礼仪行事。他和其妻子、儿子、大臣身着大明皇朝朝服，下跪于丹陛，拱手加额，高声三呼成祖皇帝"万岁!"成祖皇帝由翻译官向来贡国王说："国王远道而来，知尊中国，可佩可嘉，皇帝问您一路辛苦了!"斡刺义亦敦奔国王回答："兹遇中官张谦，钦诣皇帝陛下称贺。我虽然是国人推选出来的，但未受大明的朝命，望皇帝幸赐之。"明成祖当即答应了他的请求，下诏书仍以"古麻朗国"国号封之，并赐以印诰、冠带、仪仗、文绮、纱罗、金织袭衣，赐王妃冠服，赐各陪臣以彩币、衣服、文绮等物。当晚，明成祖在奉天大殿摆设盛宴款待古麻刺郎国嘉宾。

古麻刺朗国王一行自此在中国住了半年，在第二年的永乐十九年，即1421年春天启程回国。不料在路过福建时斡刺义亦敦奔国王染上重病，不久即不幸亡故。明成祖特赐谥号"康靖"，下令由礼部主事亲自主办丧礼，并按王公规格在当地营建陵寝。

永乐二十二年，即1424年10月，古麻刺朗国新国王刺苾为报答明皇朝，派叭谛吉三等人奉金表笺到京，向大明皇上朝贡珠宝、长颈鹿等物。

此后因东南沿海倭寇骚扰和西班牙入侵，古麻剌朗国不再派使臣到中国。时光流逝，转眼 5 个多世纪过去了，这个古麻剌朗国"康靖"王陵究竟现在何处，吸引了许多人的兴趣和探索，但都没有结果。

1988 年 4 月，菲律宾总统科·阿基诺来华访根寻祖，《福建日报》在 4 月 16 日发表了《中菲两国人民友好交往的历史见证，菲律宾古国国王葬于福州》一文，文章生动介绍了古麻剌朗国王斡剌义亦敦奔一行来华朝贡，殁后赐葬神州大地的感人史事，点明了国王葬于福州，但没说具体地址。

《福建日报》说法来源于《福州府志》。《福州府志》卷 23《冢墓》云："康靖王墓在草市都茶园山"。《闽都记》上说："永乐间古麻剌朗国王入贡，以疾卒，赐谥"康靖"，有司营葬，春秋祭之。其陪臣数姓皆内附官，给廪食"。从上可见，康靖王陵当在福州西郊凤凰池北之茶园山一带。

福建省和福州市领导曾多次组织考古工作者去福州市郊踏勘查寻，但均未找到陵址。据凤凰池村老人讲，早年那里确实存在康靖王陵，陵前有石人 2 个，石马、石羊各 1 头，分列在陵墓两边。石人着明朝朝服，一文一武。陵前有一座石碑，碑文字体如蝌蚪状，无人认识。1952 年在此兴建福州市传染病医院时，有人目睹石人、石马、石羊从茶园山半山坡上被推土机推下山来。目击者说康靖王陵呈圆丘形，陵前竖有两根旗杆，即望柱，面积约 300 平方米，封土系糯米汁、石灰、沙土拌成、非常紧固，但这些文物无一件保留下来。

据历史记载，自古麻剌朗国王病殁后，每年清明、重阳时节，明朝政府都派官员前往王陵祭祀。留在中国守陵的国王陪臣和他们的后代，均由当地政府发给俸薪和廪食。这些人随着历史岁月的流逝，已与中华民族融合在一起，在中华大地上繁衍生活，至今还能找到陪臣后裔葛氏家人。但是，康靖王陵究竟在哪里？人们从点滴历史资料和调查访问中只能知道它很可能在福州市郊，至于具体何处是王陵原址，恐怕难以考证了。

古图与岩画之谜

■ 古地图绘制之谜

1929 年，在土耳其伊斯坦布尔的塞拉伊图书馆里，人们发现了一张用羊皮纸绘制的航海用地图。地图上有土耳其海军上将皮里·赖斯的签名，时间是公元 1513 年。赖斯是希腊人，1554 年在开罗被杀。他是著名海盗马尔·赖斯的侄儿，一生在大海上鏖战。像他这样的人，拥有一张航海图，本来不是件稀罕的事，但是，这张地图上却准确地标画着大西洋两岸大陆的轮廓，北美洲和南美州的地理位置，尤其是南美洲的亚马逊河流域、委内瑞拉湾和合恩角等地都标画得十分精确。

需要指出的是，赖斯地图并不是唯一的一张罕见的古图。杜尔塞特省一张标有 1339 年的航海图也十分精确地标画着地中海和整个欧洲的位置。从这两张地图本身来看，绘制地图者所掌握的地理等方面的知识远比 14、15 甚至 16 世纪的人要全面的多。可以肯定，这两张地图决不是中世纪的人绘制的。

从已发现的古希腊托勒密的地图上，人们可以看到现今的瑞典和北欧的部分地区还被冰川覆盖着。按照现代对最后一次冰川的构拟，这些地区是冰川残块分布区。这表明这些地图是在公元前 8000 年绘制的。

现在还存有奥尤基·菲瑙斯的一张 1532 年以前绘制的地图。图上南极大陆的外形与我们今天知道的极相似。令人无法解释的是，南极大陆于

1818 年之后才被人发现，开发这块土地，绘制成图经过了整整一个世纪，直到上个世纪初期才初具规模。另外，将奥尤基·菲瑙斯的地图与我们今天制成的南极图相比，会发现在那幅图上有河流以及这些河流注入的海湾，可今日的南极既没有河，也没有海湾。正是在那图上标有河流的地方，今天发现有一些正在缓慢地向大海移动的冰河。这一事实使人推测此图绘制的时间更早，还在南极冰河出现之前的冰川时期就有了这张地图。这至少要推算到公元前 4 千年。

注明日期为 1559 年土耳其制的地图也精确地标画着南极洲大陆和北美洲的太平洋海岸线。更加令人惊讶的是，这张地图还标画着一条较窄的地带像桥梁一样地把西伯利亚和阿拉斯加连接在一起。但是，连接西伯利亚和阿拉斯加的这一地区消失至少已有 30000 年了。而这张地图的绘制者对此却了解得如此清楚，竟把它绘制在自己的地图上。

更为奇特的是，在埃及亚历山大图书馆保存的古地图，图中绘制的地中海海岸线几乎和卫星拍摄的照片完全一致。

类似的例子还有很多。很明显，要绘制出这样的地图，必须掌握地球的形状、大地的构造、球体三角学等方面的科学知识；其次，必须有先进的交通工具和制图手段。诚然，在中世纪，许多航海家都拥有航海地图，但他们中绝大多数人对地球的有关知识却知之甚微，甚至不知道它究竟是扁的，还是圆的，没有人到过南极洲。所以，他们根本不可能绘制上述的那些古地图，特别是对那些已经消失的大陆，中世纪的人是无法得知的。

总之，这一切都说明这些古地图都是复制品。如果这些地图确实存在的话，原版的绘制者又将是谁呢？

人造地图与远古文明

1999 年，俄罗斯拜西克省国立大学物理学教授、著名科学家亚力山大·丘维诺夫博士和他的研究机构在乌拉尔山脉考古过程中发现了一块远古时代的石板——一块用高科技机器制成的三维立体地图！丘维诺夫博士称，初步估计，该"三维地图"石板的年龄至少有 1.2 亿年。因此他断言：

在远古的乌拉尔山脉，存在过一个高度发展的文明。

丘维诺夫博士说："一开始，还没发现这块神奇的石板时，我们的研究主题是：在几千年前，是否有古代的中国人曾经居住在西伯利亚和乌拉尔山脉一带？因为我们在该地区的一些岩石上发现了一些像是3000多年前古中国的甲骨文一样的文字。我们通过研究所有乌法地区的档案资料，发现了一些18世纪末写成的档案笔记上，记载描述了200多块有象形文字和图画的远古时代的神奇石板。我们当时的想法是，这些石板可能跟古代中国在乌拉尔山脉的移民有一种莫名的联系。"

丘维诺夫接着说，"接下来我们要做的，就是努力寻找这个远古时代的文明，但随着研究的深入，我们发现，这些岩石上的图画和文字跟3000年前的那个时代毫无关系。在这些岩石上的图画中，根本一次都没有出现那个时代应该有的动物，譬如鹿什么的。我们先后组织了6个探险队考察了乌拉尔山脉无人区，终于在1999年7月28日，在地底下1.06米的地方，挖掘出了这个石板——我们称它为'神奇之石'。这块石板长度是1.5米，宽度超过1米，厚度仅有16厘米，重量超过1吨。许多科学家参观这块石板后认为，这是一块浮雕——一个三维的立体地图！"

刚开始发现这块神奇石板后，丘维诺夫博士和他的同事们非常激动，他们以为发现了一块2000多年前制成的产品。很明显，这块石板是人造的，它共分3层，用一种特殊的粘合剂贴在了一起，而第三层更像一种白色的人造瓷！尤其让人惊讶的是，石板表面的浮雕并不像是古代石匠用手工雕刻出来的，而是用一种先进而细腻的机器来完成的。

丘维诺夫介绍说："在这块石板地图上，能够一眼认出从乌法到撒拉维特的广大地区。石板地图上，乌法山脉的一侧和现实中乌法山脉的走向轮廓完全一致，地图上乌法山脉的另一侧跟现实中的稍微有一点不同。其次让我们疑惑的是石板地图上所谓的乌法峡谷，地图上，从现在的乌法城地区到斯特里托马克地区，地球的表面裂开了一个长长的大口子，足有二三千米深、三四千米宽。我们通过地理学研究发现，这种地貌只在1.2亿年前才可能存在过，也就是在理论上的确有这条峡谷存在！这块石板地图如果描绘的是它被制作时的地貌，那么，石板地图的历史至少也有1.2亿年！后来我们设想，现在的乌夏克河可能就是由地图上的这条远古时代的峡谷演变而来的。"

据丘维诺夫博士还说，除此之外，还有更让人惊讶的，在三维石板地图上还雕刻着两个宽 500 米、总长度达 1200 万米的河道系统，在这个河道系统内，包括 12 道 300 米宽、1 万米长、2000 米多深的大水坝，这些水坝使水产生一个巨大的落差，能从一边很容易地倾泄向另一边，整个水道系统极像现代的水力发电站！

丘维诺夫博士最后说道："如果当年真的建成过这个水道系统，那么，总共将有 1000 万亿立方米的泥土将被挖走。那将是几十个大金字塔的工程。"

荒原标记

在秘鲁利马南部的毕斯柯湾，有一个人工建造的高 250 米的红色岩壁。岩壁上雕刻着一个巨大的三叉戟或三足烛台形状的图案。三叉戟的每一股约有 4 米宽，而且是用含有像花岗岩一样硬的雪白磷光性石块雕成的，因此，如果不是现在被沙土的覆盖，它将发出耀眼的光芒。

这么巨大的石间标记是什么人建造的呢？

一些考古学家认为，毕斯柯湾岩壁上的三叉戟是指示船只航行的陆标。但大多数考古学家不同意这种说法。他们指出，绘制在这个海湾中的这幅三叉戟图案，不能使所有角度上航行的船只都能看到它；况且，在遥远的古代，是否有远洋航行这回事都值得怀疑。如果有些航行必须要用航标来指示的话，居住在这里的古印加人为什么不利用两座岛屿呢？这两座岛屿就在三叉戟的中股延伸线的同一海面上。他们提供了有利的自然条件，不管船只从哪一个方向驶向海湾，从很远的地方就可看到这些岛屿。但如果用三叉戟当航标，从北方或南方来的海员却不能看到它。

另外值得一提的是，在三叉戟座落的地方，除了一片沙滩之外，没有任何东西可吸引海员。而且，就是在史前时代，那里的水中也是礁石嶙峋，根本就不适于船只停泊。因此，考古学家们认为，这座在古时候光芒耀眼的三叉戟图案，一定是作为某些会"飞"的人的航空标志而设置的。

考古学家的推测，如果三叉戟确是航空标志，那它不应是孤立存在的，在它的周围一定还有另外一些东西。果然，20世纪30年代，在距三叉戟图案160千米外的纳斯卡荒原上，考古学家又发现了许多神秘的图案。

纳斯卡荒原位于秘鲁南部沿太平洋一带，在那里约50千米的范围内，人们发现有许多巨型图案。如果乘飞机从高空向下俯瞰或者航空摄影，就可以清晰地看到荒原上镶刻有一幅幅绵亘无垠的奇特图案，这些巨画的每一根线条都是把荒原表面细砾石挖开而成，其中一些"沟槽"所组成的线条，构

纳斯卡荒原

成十字形、三角形、长方形、梯形、平形四边形和螺旋形之类的几何图案。有的图案多少都像一种动物的样子：或像飞鸟，或像蜘蛛，或像鱼和猴子……还有一些地球上从未见过的异禽怪兽。由于这些图案很大，从地面上一眼看去，认不出它们代表什么，只有从天上俯瞰，才能看清它们的全貌。

是谁制作了这些图案？为什么把它们绘得如此巨大？而且只能从一个很高的角度——例如在飞机或热气球上——才能获得整图案的全貌呢？这些问题引起了考古学家们的兴趣。

一部分考古学家如玛丽亚·莱什和保尔·科奈克认为，这些宏伟的创造是源于一种天文学日历，一个真正的黄道地带。但经过电子计算机的分析证明，纳斯卡巨图的大部分线条都与天文学无关。历史学家艾伦·索耶提出这样看法：纳斯卡的大部分图案都是用不间断的线条绘成的，它们可能是举行某种仪式时所走的路线，按照这种路线一步一步地走下去，举行仪式的印第安人就会领悟图案代表的某种物体或某种动物的实质。

根据这一想法，美国肯塔基大学的尼克尔提出，在弄清为什么要绘制这些图案之前，应当首先弄清这些图案是怎样绘制的，他继而进行了实验。

尼克尔认为，世界上有许多绘制在地上或铸制的巨型图案，如美国的巨型白马，美国俄亥俄州的巨蛇图案。但是，没有任何巨图的风格与纳斯卡巨图一样。与纳斯卡巨图最为接近的是，美国加利福尼亚莫扎夫荒原上的巨人图，这个巨图也像是专供人从空中观赏的，图形绘制的方法也是将碎石挖向两边，形成一条一条的沟，沟底可见泥土。

当然，尼克尔并不认为他已经证明了 6 世纪时印第安人使用过的方法，他认为当时的印第安人可能没有他现在使用的那样长的绳子。

有人认为绘制者如果不能自如地在天空中飞翔，那么既不可能完成也无法欣赏他们所设计出来的如此庞大的图案。另外，如果说古代印第安人有条件能绘制纳斯

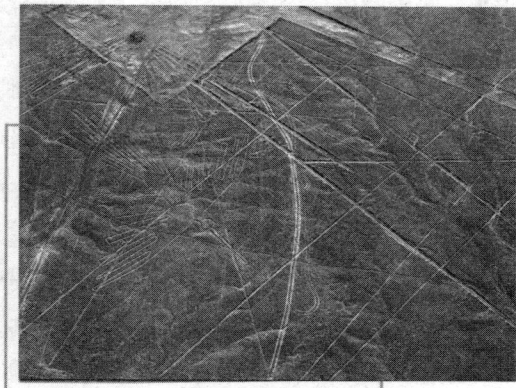

神秘的纳斯卡巨图

卡巨图的话，那么在委内瑞拉所发现的巨型雕刻图像又是谁画的呢？

在南美洲委内瑞拉共和国，离阿亚库乔港约 1.8 万米处，是层峦叠嶂的群山区。在葱笼茂密的树林中，有一块占地约 3000 平方米的巨石。平时，这块巨石并无令人惊奇之处。可是，每天清早，旭日东升，晨曦普照，当阳光照射到某一特定角度时，巨石表面上便会显现出许多极美妙的图像，蔚为壮观。过了一段时间，这些图像都消失了。这些图像并非自然形成，而是人工雕刻的。雕刻者精通光学原理，巧妙地掌握雕刻的角度和刀口深度，因而使人们只能在太阳射到某一角度时才能清楚地看到。浮雕共有 7幅，居中是一条巨蛇，接近蛇头刻有几个大钟，另一浮雕是奇特装束和戴盔甲的武士，除此还有一种似乎不像人类的怪像（有人推测是外星人形象）。

另外，据当地的传说，在过去的某一个时期，一群不知来历的智慧动物，登陆在今天纳斯卡城近郊的一块无人居住的荒原上，并为他们的宇宙飞船在那里开辟了一座临时机场，设备了一些着陆标记。这之后，不断地有他们的飞船在这里着陆和起飞。这群宇宙来客在完成了他们的使命后，又离开地球回到自己的行星上去了。当时的印加部落，曾亲眼目睹了这些宇宙人的工作，并且留下了很深刻的印象。

考古学家们对这个神话般的传说深信不疑，他们并且推测：如果纳斯卡荒原是登陆点，毕斯柯湾上的三叉戟是登陆指标，那么，在纳斯卡的南边也应有一些指标才对。

果然，在距纳斯卡40.2万米的玻利维亚英伦道镇的岩石上，人们发现了许多巨大的指标。在智利的安陶法格斯塔省的山区及沙漠中，也陆续找到了这样的东西。在许多地方，有直角形、箭矢状和扶梯状的图形，到处都可看到，甚至可以看到整个山坡上绘着很多雕刻的长方形图案，在同一平面上的整个区域内，峭壁上陈列着光芒四射的圆周和棋盘形状的椭圆形图案。而在人迹罕到的泰拉帕卡沙漠的山坡上，有一幅很大的机器人图案。这幅机器人图案约有100米高。它的形状是长方形的，很像棋盘，两腿直条条，纤细的脖子上是一个长方形的头颅，上面有12根一样长的天线般东西竖立着。从臂部到大腿间，有像超音速战斗机那种精短翅膀般三角鳍连接在身体的两边。这幅图案距纳斯卡荒原大约80.5万米。

因此，考古学家们推测，这些图案与外来生物有关，但这一说法还需要更多的证据来证明。

神奇的河洛图

如果上述这些古迹都是外星人留下的，那么，我们不得不怀疑奇妙无穷的河洛图也是出自于外星人之手。

汉代的孙安国说："河图者，伏羲氏王天下，龙马出河，遂则其文以画八卦。洛书者，禹治水时，神龟负文而列背，有数至九，禹遂因而第之以成《九类》。"这告诉我们河图和洛书是在部落首领伏羲王在位的时期出现的，而且它们是在不同的地点、不同的动物身上发现的。虽然此话不可完全当真，但所有的文字记载都把河图和洛书说成是分别在不同的地点发现的。应该说，这两幅图分别出于两人之手。然而，河图与洛书之间却存在着极其微妙的联系。

汉代的刘歆说："《河图》、《洛书》，相为经纬，八卦九章，相为表里"。其意思是说，从河图演化出来的水、火、木、金、土阴阳五行与从洛书演化出来的天、地、水、火、雷、风、山、泽八卦相互联系、交叉、不可分割，形成一个观察世界、反映世界的整体，以致历代大哲学家将这两图奉为包罗万象的宇宙图式。

清代著名经学家江慎修（1681～1762）在他的最后一部著作《河洛精蕴》精辟地论述了河图、洛书与阴阳、八卦、五行的关系和它们在诸多领域中的运用。该书自序中的开场白最能说明他的观点："天不爱道，地不爱宝，河出马图，洛出龟书，天地

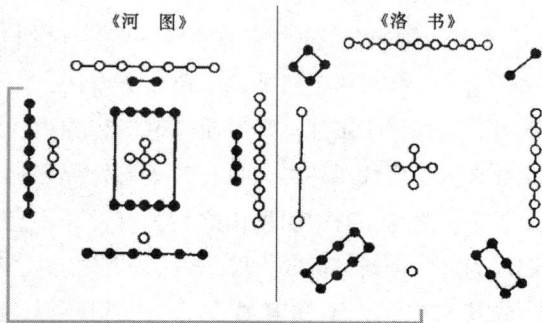

河图与洛书

之大文章也。天以光气昭烁于三辰，地以精华流衍为五行，其为文章也大矣。复假灵天神物，出天苞，吐地符，示之图焉。倍五为十而显其常，又示之书焉。藏十于九而通其变，常者具无穷之变，变者毕自然之常。参伍而列，错综而居，天地不自若其妙道至宝，所以牖圣人，而启其聪明，发其神智，又将有不尽之文章于是乎起也。"

清代的胡煦在他的《周易函书约存》一书中写道："《河图》之象，不独生成合也，而奇偶悉合。《洛书》之象，不独生成分也，而奇偶亦分。藉今当日，或只出一《洛书》，或只出一《河图》，伏羲即徇齐天纵，恐必无以窥天地之奥，明分合之机，察体用之微，而用以为画卦之资也。何也？无《洛书》之分，则无以显《河图》之合，无《河图》之合，无以显《洛

书》之分。伏羲于此二图，看出一合一分之妙，则一体一用，一先天一后天，判如矣。圣人之道，体用一如，显微无问，皆此二图各具之妙，相形而互见者也。故四圣继天开道，率本此而莫之外也。"

"《河图》既为先天，先天所配，即属未发之中，则看图之法，但当玩其浑沦周匝，万理静含，合而未分，全无倚著，与未发相似，然后可耳。岂宜动著丝毫，如拆补之说耶？今观《河图》，不过自一至十之数耳。然数一也，而奇偶殊矣。奇偶易察也，而多寡辨矣。多寡易详也，而奇偶所列，各各相因，内外相钳，各不同矣。又且生成之数，各有合而不分，生成之象，各有居而无缺矣。此则《河图》自具之妙，即象而存，而其蕴无穷者也。然非从合处留神，乌得而审诸？"

"其一须知奇偶各个相连，盖一奇生于北内，三奇长于东内，七奇盛而出于南外，九奇尽于西外。二偶生于南内，四偶长于西内，六偶盛而出于北外，八偶尽于东外。凡生而未盛者皆在内，已盛而就终者皆在外，是亦生数在内，成数在外之义也。其中有奇偶相连之妙，有内外微盛之象，有上下定位之秘，有根阴根阳之旨，有循环不息之机，故伏羲所画，悉则其图而为之。今新订循环太极一图，实兼二图之蕴，而用以显则图之妙者也。不知其为先天，不知其妙在合，安得不认为有体有象，而倡为拆补之说乎？"

"《洛书》中，阳数居正，而阴数居偶，以万物生于阳而成于阴也。其生成相间而各居，则内外之体别矣。其奇偶亦相间而各居，则阴阳之体又别矣。凡皆于分处示之象也，然非有浑沦相合之《河图》，立乎其先，亦何由而知为既分者乎？"

总之，河图、洛书，其明显的特征，就是既变化无穷，又相互联系，相互依赖，缺一不可。不论是以此推论出来的反映宇宙万物、自然环境、社会现象、人世百态的各种八卦图，还是方士们揭示人体奥秘的阴阳太极图，似乎都存在着一种极微妙的逻辑流变，有着贯通不息，整体性很强的效应，真如天地之势如网，天网恢恢，疏而不漏，天地之动如链，环环相接，不失一扣。

微妙相联的河图和洛书

另外河图和洛书之间的数字也存在着一种极微妙的联系。如河图中5个奇数和5个偶数的和是55，这叫做凡天地之数五十有五。这就是河图的全数。洛书的9个数的总和是45。9个数中，1、2、3、4称为生数；9、8、7、6依次为上述各生数的成数。去掉中央的5，纵线、横线、两斜线两端的两个数字相加，其和是10。10去掉1得9，这就是说，9是1的成数。10去掉2得8，8是2的成数。10去掉3，得7，7是3的成数。10去掉4，得6，6是4的成数。如果把生数和成数相加，即：9 + 1 = 10、8 + 2 = 10、7 + 3 = 10、6 + 4 = 10。总和等于40，加上中央的5，等于45与9个数的和相等。还有，如果把中央的5加到一起，它的方阵排列是：

横线：4 + 9 + 2 = 3 + 5 + 7 = 8 + 1 + 6 = 15

纵线：2 + 7 + 6 = 9 + 5 + 1 = 4 + 3 + 8 = 15

斜线：4 + 5 + 6 = 2 + 5 + 8 = 15

总和 = 45

这样运算的结果和九个数的总和也相等，而且河图与洛书两个数之和正好等于100。

清朝的李光地在《启蒙附论》上说："《河图》之数，五十有五，《洛书》之数，四十有五，合为一百，此天地之全数也。以一百之全数，为斜界而中分之，则自一至十者，积数五十有五，有一至九者，积数四十有五。二者相交，而成河洛之两三角形矣。凡积数自少而多，必以三角，而破百数之全方，以为三

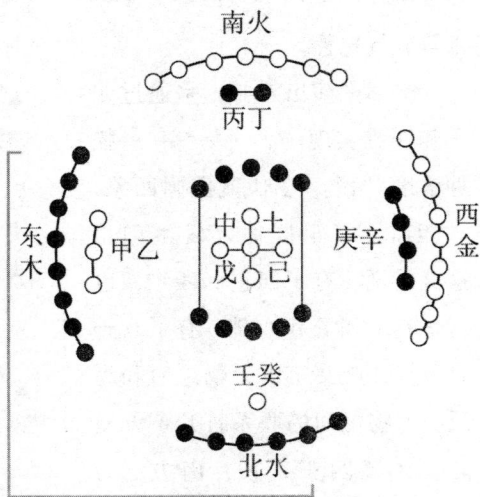

河图与五行

135

角，其形不离乎此者……"

李光地在书中还画了许多图，他写道："今摭图书、卦画、蓍数之所包蕴，其错综变化之妙，足以发朱子未尽之意者凡数端，各为图表而系之以说。盖所以见图书为天地之文章，立卦生蓍为圣神之制作，万理于是乎根本，万法于是乎权舆、断非人力私智之所能参。而世之纷纷撰拟，屑屑疑辨，皆可以熄矣"

还有，河图、洛书的布局还有异曲同工之妙。

河图中1与6在下方，2与7在上方，3与8在左方，4与9在右方，5与10在中央。以方位来说，人面对南方站立，所以上方是南，是火；下方是北，是水；左方是东，是木；右方是西，是金；中央是土。具体地讲，北方是阳气始生的地方，表示有生必有成，这叫作"天以一生水，而地以六成之。"南方是阴气始生的地方，表示阴气由这里发端：这叫做"地以二生火，而天以七成之"。东方是日出的地方，在这里阳气逐渐增长起来，这就是"天以三生木，而地以八成之"。西方是日落的地方，在这里阴气逐渐增长起来，这就是"地以四生金，而天以九成之"。中央是中心之地，这就是"天以五生土，而地以十成之"的所在地。这样就构成了河图的图式。这里值得注意的是，河图十数及其配置本身，就包含了水、火、木、金、土等五行配置。

洛书推演出八卦，是通过四正和四维实现的。《易纬——乾坤凿度》说："伏羲氏画四象，立四维，以定群物之发生门。"这就是说，有了四正和四维，也就是有了四象和八卦，有了八卦就可打开观察宇宙万物之窗和为反映万物之间的联系打开了方便之门。就四正来说，南方，为日，为离卦；北方，为月，为坎卦；东方，为雷，为震卦；西方

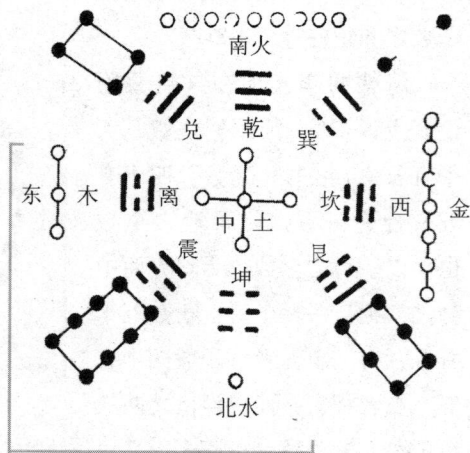

洛书配八卦

为泽，为兑卦。日出于东方，月人于东方，所以震为日、月出入之门。月出于西方，日入于西方，所以兑为日月往来之门。这就是说：有了四正就使坎、离、震、兑四卦得以成立。这是日月往来虚盈的象征，是天道运行的表现。就四维来说，西北为天门，为乾卦；西南为人门，为坤卦；东南为地门，为风门，为巽卦；东北，为鬼门，为艮卦。这就是说，有了四维就使乾、坤、巽、艮四卦得以成立，这是地道运行的表现。这些就是洛书推演出八卦的路径。

这一切难道都是偶然巧合吗？很难想象在远古时代，不同的人能在不同地点，几乎同时创造出如此精巧、深奥、彼此不可分割的河图、洛书。如果说是同一个人创造的，那么为什么要把画好的图分别放在两地呢？再说4000年前人类所用的石器都是磨制的，要绘制一幅图不是件容易的事，如此轻易地将图分别放在两地，作者的意图、目的又是什么呢？这些都值得人们继续探讨。

河图与二进制

从河图的奇数和偶数分层顺时针旋转中，有人得到启发，把伏羲八卦的8个序数依次连接起来，组成了一个"S"型的旋转结构，其中1、2、3、4形成一个旋臂，5、6、7、8形成了另一个旋臂，并且将画在纸上的伏羲八卦图，隔位相连，折出一个风车的样子。

然而，宇宙中有大量的具有旋臂的呈漩涡状的星系。事实上，无论大至宇宙天体，小至细胞内，人们都已发现了这种呈漩涡状的结构。甚至可以说，一切物质的组成和运动似乎都与旋转有关。从河图、洛书中我们也可看到，它们似乎表示着相互之间的作用，并由此引起旋转运动。还有，从河图推导出的八卦太极图，竟与现代电子计算机的基础——二进制数学有默契之处。

二进制中的"1"，对应于八卦的一条长杠，名叫阳爻。

二进制中的"0"，对应于八卦的两条短杠，名叫阴爻。

如果我们把上面的八卦符号向左旋转90°，把阳爻改写为"1"，把阴爻

改写为"0"，不就变成了现代的二进制数码了吗？更使人惊奇的是，八卦的组合与今天电子计算机中的进位关系，竟完全相同！

宋代的邵雍推出《伏羲六十四卦次序图》后，在《皇极经世书》中阐释道："太级既分两仪立矣。阳上交于阴，阴下交于阳，四象生矣。阳交于阴，阴交于阳，而生天之四象。刚交于柔，柔交于刚，而生地之四象，于是八卦成矣。八卦相错然后万物生焉。是故一分为二，二分为四，四分为八，八分为十六，十六分为三十二，三十二分为六十四，故日分阴分阳选用柔刚，故易六位而成章也。"

"两仪"是指阴和阳而言的，用现代电子计算机的语言，就是"0"和"1"。两仪生四象是指代表数字和阴阳之上，又能各自分别派生出一阴一阳来。用计算机语言来说："二位数二进制可以有四种编码"，下面就是"四象"与二进制二位数码的对应关系：

这样看来，"四象生八卦"就很容易理解了，用现代的话来说就是："在二位数二进制编码上，再加一位（即三位二进制数）就能组成八种编码形式"。而由六个爻组成的六十四卦，则正是二进制六位数的全部编码。

由此可见，"八卦"与二进制：2、4、8、16、32、64、……的关系进位的方式是完全相同的。

由此，我们不免要联想起，这些与现代文明如此相似的古代文明，究竟是什么人留下的？是外星人么，当然还需要更多的证据来支持。

岩画与外星人

艺术是生活的反映，作为艺术的绘画自然也是这样。画家总是根据他所熟悉的东西作画，即使是想象力丰富的画家，也只能在他所熟悉的东西的基础上加以夸张。但是，现在在世界各地发现的大量古代绘画，却完全违背了这个规律，人们百思而不得其解。

1956 年法国民族学家亨利·罗特在北非撒哈拉大沙漠的塔西里·纳基尔山中发现 400 多处共有 1.5 万幅的的岩石绘画，那地方现在已是不毛之地，但在公元前 6000～前 4000 年前还是一片草木繁茂的肥沃土地。人类很早就在这里定居，他们饲养牲畜、种植五谷，并创造了许多美不胜收的艺术作品。塔西里岩画反映撒哈拉地带沙漠化以前原始人的生活和作为猎物的各种动物。

在这些岩画中，可以看到有角的人物像，有戴着头盔、被称为"大火星神"的人物像和看起来像在空中浮游的人物像。虽然塔西里岩画的大部分人物都是表现我们人类的生活，但是戴头盔、身穿类似航天服那样的衣服的人物像，给我们的印象却像是外星人。一般来

撒哈拉沙漠中的岩画

说，画家总是根据自己熟悉的东西作画的。即使是想象力丰富的画家，也只能在所熟悉的基础上稍加夸张或想象而已。创作这些岩画的古人既然能维妙维肖地描绘出猎人、大象、牛、马、羊等，那么有关外星人岩画也绝不是凭空捏造的，也应是古代人亲眼目睹到外星人之后，才能以生动的表现力创作出来。他们把自天而降的外星人视为神灵，用岩画的形式记录下来。由此可以推断，外星人可能是真的来访过地球，否则他们就不可能创作出那样的画面。

在澳大利亚的西北部有许多荒凉的土地，现在已没有什么人居住。在这个半沙漠状态的广大地区，有一个金伯利山脉，在那里也可以找到很多岩石绘画。那里的先民留下了如此不可思议的传说：有一种奇异的人类，自天而降，将自己的形像刻画于岩壁，而后又返回天空。先民们把这些不可思议的人物像视为神圣，保存至今。这些人物像身穿宽敞、舒适的衣服，没有嘴，在头部有像释迦牟尼那样的光，即使今天看起来，也同样给人以很强烈的冲击。

宽敞的衣服是航天服，没有嘴是因为戴上了头盔，或他们的嘴已退化，头部特别大，头部有层光，说明这些外星人能发光，尤其是在脑后最亮。

这说明，在远古时代外星人访问过澳大利亚的金伯利。

同样的岩画在澳大利亚中央部分的巨大岩石山——阿尔兹·洛克附近也可以找到。显然，外星人以这个巨大的岩石山为目标，曾在阿尔兹·洛克附近降落，从而使澳大利亚的先民们看到了他们的形象，并将其记载于岩画之中。

在南美的提亚瓦纳科有块红色砂岩上雕刻着一个巨大的雕像，上面布满着上百个符号。考古学家们经研究认为，这些符号记录了无数的天文知识，并且这些知识是建筑在地球是圆形的基础上的，其上还记录了2.7万年前的星空。据估计，这可能是外星人给玛雅人留下的。

除非洲、澳大利亚之外，在意大利、苏联、南美等许多地方，也有外星人岩画发现。最新发现的外星人岩画是在北美大陆。

在墨西哥的帕伦克，传说是当年玛雅人的居住地，这里有不少的坟墓墓碑上都刻有雕刻画。其中有一幅刻在玛雅僧侣石棺上的浮雕画非常出奇。画上描述的是一个男人的形象，他弯身向前，双手握在一些把手或旋钮上。他似乎是坐在一个正在飞行的飞船座舱里，排气部火花直冒。人们几乎可以觉察到那人面前的一块控制板，也可以看到一个火箭式导弹的头部。边上雕刻着太阳、月亮和灿烂的群星。而其中最引人注目的是双手放在飞行器的凸出部分——大概是操纵杆或把手，但是古代的墨西哥根本没有任何种类的飞行器，更谈不上宇宙飞船了。这就是这幅画的奥秘所在。

除此之外，世界各地还发现了不少似乎是描绘宇宙人或宇宙飞船的绘画。比如多根人至今还保存着一张图画，内容是描绘他们信仰的神驾驶一艘拖着一条火焰的飞船自天而降的场面。美国的安德鲁·托马斯还在我国西藏地区发现不少令人费解的中国古代画。他说："令人震惊的是一幅画上绘着雪茄烟状的飞艇，飞艇水平地悬空系在一座圆锥形塔上。它为何采取那种姿势平衡，以及怎样保持平衡的问题，更令我大惑不解。那锥形物显然还被利用来爬上和进入飞船。无法了解飞船推进器的情况，但飞船的大小估计和今天可容50多位乘客的喷气式客机差不多。"

在内蒙古阴山山脉的岩画中，有许多面容奇怪的、类似人头的画面，有些人头画面的头上还戴着像宇航服似的头盔。在这些画面的周围，还刻有许多天体的形象。有人分析这可能就是原始人所崇拜的"神灵圣像"，这种画面是否在告诉人们，这些形象是来自其他星球的？

还有在四川珙县发现的"珙（僰）人悬棺"旁的岩面上，也有一幅像是穿了笨重宇航服的宇航员的岩画，在两肩上还竖着像天线一类的东西。

贺兰山岩画是中国岩画中的一枝奇葩，在中国众多的岩画之林中占有举足轻重的地位。贺兰山岩画位于宁夏回族自治区贺兰山东麓的贺兰县金山乡，海拔 1448 米。岩画分布在面积约 0.21 平方千米的山岩沟畔上，有 300 余幅。贺兰山岩石主要成分为灰绿色细粒长石石英砂岩，次要成分为暗色矿物，有云母、绿泥石。岩石硬度约 7 度，适宜凿刻，且可以长久保存，为制作岩画的有利因素和条件。

贺兰山岩画

贺兰山岩画有一个突出的特点，就是有近 3/5 的岩画是人面像，因此可以毫不夸张地说这里是形形色色人面像绘画馆。岩画中的人物面部奇异，许多人面像画面简单，多数人面像有眉毛鼻子和嘴，而偏偏缺少一对眼睛，这可能与作画民族的习俗和信仰有关。在这些变化多端、诡谲神秘的岩画中还发现了一幅装饰奇特的宇宙人形象。这个宇宙人形岩画在贺兰山北侧第 6 号地点，离地 1.9 米，面迎西南方向，高 20 厘米，宽 16 厘米，磨刻法制作。这是一幅惟妙惟肖形态逼真的身着宇航服的天外来客。这位客人的装饰与我们今天地球上身着宇航服的宇航员相比，几乎是如出一辙。他头戴一顶大且圆的密封式头盔，头盔中间有一个观察孔，头盔连着紧身的连衣裤，双臂自然下垂，双腿直立，依稀可以看到右手提着件东西，给人一

种飘然而至之感。

此外，在贺兰山还可以看到一些与此有关的岩画，如在山口北侧第1号地点上部有一似乎头顶圆形天线的人画像，高41厘米，宽195厘米，其下部有一个似乎头顶枝状天线的人面像，高47厘米，宽19厘米。

19世纪60年代初期，在新疆的一座古老的山洞里，人们又发现了一批古代岩画，其中绘制的月亮的形象无疑是世界上最古老的月图。由于其岩石的位置在新生代第四纪冲积层之下，因而可以断定是几万年以前，正处于旧石器时代的作品。在这些岩画中，有一组月相"连环画"最为引人注目：一弯蛾眉新月、上弦月、满月、下弦月、残月。使人们惊异的是，"连环画"里的满月并不仅仅画了一个圆圈来代表月面，而是在圆面的南端靠月南极处的左下方画有7条以辐射状散开的细纹线。这就是说，这幅月图的作者极其鲜明、准确地表现了月球上大环形山中心辐射出的巨大辐射纹。这一成果在望远镜问世之后当然丝毫不足为奇，但是几万年前人类尚处于原始社会时代，能画出一组月相的"连环画"就令人瞠目结舌了。还有，所有的这些岩画能否证明外星人真的造访过地球，也还需要进一步地考证。

远古时代留下的蛛丝马迹

■ 古老的加工术之谜

非洲古人类遗迹的发现，标志着人类最早的起源已经可以追溯到300多万年前。但是，美国科学家在得克萨斯州巴拉斯河底发现的恐龙化石旁，却发现有人类的足迹。要知道，恐龙是生活在7000万年前的庞然大物。因此，科学家们无法解释这种现象。有些人提出，是不是人类真的有过一次高度的文明后而又归于彻底毁灭的时代呢？

虽然这是一个非常大胆的猜测，但是，后来的一些发现，却为它提供了极为有利的佐证。尤其在南非金矿的一次发现，更引起科学界的不小的震惊。在南非，一群矿工在岩石中竟然挖出了数以百计的金属球，考古学家们推断，这些金属球很可能是20亿年前的东西。

这些金属球类似人造的球体，它们的顶端和底部是平的，中间有3条镂刻完整的槽线。尤其惊人的是在这些金属球中，有一个能自动在它的轴线上旋转。

那么，这些20亿年前的金属球是什么东西制造的？又是如何冶炼和制造的呢？这些问题都深深困扰着人们。

印加要塞萨克塞胡阿曼位于秘鲁城市库斯科3500米的高山上。设计建造者无疑是印加人，因为使用磨去棱角的巨型方石的建筑方式久为人知，这是整个印加帝国的风格。要塞上方的巨石石圈像是日历，也可能是一座

143

巨塔的塔基。

人们进入石圈，转过身来便陷入一座石头迷宫。说它是遗址，多少有些名不副实。那里散落着大大小小叫不出名字的石块，不知是哪座建筑物的遗址，早已面目全非。本来人们认为这是一座印加采石场，然而却不是。

这些岩石像是一种拼图游戏中的方块板，每一块都加工过了。没有一位考古传教士能让我们相信，是敬仰的大自然施了魔法，磨圆石头的棱角，把表面仔细抛光，又任性地将巨石置于大自然的风景之中。

在印加要塞正后方，又发现了足以证明其神秘性的、经过加工的整块巨石。人们站在切割完美的巨石面前，不禁叹为观止。没有一处使用过灰浆或是水泥这样的黏合剂，石块之间的拼接可谓天衣无缝。印加人能够仅仅凭着简陋的石镐就完成了这一杰作吗？但是值得注意的是，石块之间的空间如此狭小，是根本容不下他们挥动石头工具的。

还有一块高8米的碎块，像是混凝土浇铸而成，但又不是混凝土，和其他石块一样，是天然的花岗岩石。细如发丝的抛光层穿过岩壁，自上而下。这就证明，这块大石头是一座更大建筑的组成部分。

它究竟是什么建筑？人们还不得而知，但可以肯定的一点是，在这上面，曾有人像做奶酪一样对付过那些大石头。还有，西班牙征服者来到秘鲁高原的时候，这些奇怪的大石头就已经在那里了。

玻利维亚的普玛·普库城里的石头，给人的印象更加深刻。此地海拔4000多米，距今天玻利维亚的的喀喀湖不远。前往普玛·普库的路上就见到一块闪长岩石，上面有不同的壁洞和横线脚，不知留出的地方要做什么用。专家称这是一处祭台，不同的壁洞用来接血。

很久以来，普玛·普库一直是一个巨大的问号。早在公元1651年，当时的拉巴斯主教安东尼奥·德·卡斯特罗·德尔·卡斯蒂罗就写道，普玛·普库是圣经所说大洪水之前建造的。他认为，西班人曾移动过这些石头。

他说的是有道理的。上面有宏伟的走廊和平台，最大的平台长40米，宽7米，高2米，估计巨石重达1000千克。边墙和地板东倒西歪，杂乱无章，由花岗岩、安山岩和闪长岩构成。最后是一块坚硬无比的友绿色深层岩。建造平台的整块巨石加工得非常精细，经打磨和抛光，如同以最先进的机器、硬钢铣刀和钻机制作出来的一样。所有这些，都是让人们难以想象的。

这些古老的加工术，难道真的属于一个高度的文明后而又归于彻底毁灭的人类文明吗？人们还需要继续探索。

远古的计算机之谜

1900 年，一位以采集海绵为职业的希腊潜水员，在安蒂基西拉海峡的水底，发现一个巨大的黑影。他游过去一看，不由大吃一惊。原来，这是一艘古代沉船的残骸。这个意外的发现使他高兴万分，他再度潜下水，仔细察看，发现古船里装有大理石雕像和青铜雕像。

不久这条沉船被打捞上来，经专家考证，这是一艘沉没水下已达 2000 年之久的古船。也就是说，它在公元初就沉没了。船上珍贵的古代艺术珍宝马上得到挽救和保护。

然而，奇迹很快就发生了，它的价值远远超过了所有雕像。

那是在工作人员分析、清理船上物品时，发现在没有用的杂物中有一团沾满锈痕的东西。经过认真地处理，人们发现那里面有青铜板，还有一块被机械加工的铜圆圈残段，上面刻有精细的刻度和奇怪的文字。专家们马上意识到这圆圈非同一般，古代船上怎么会有这样的东西呢？

经过 2 次认真的拆卸、清洗之后，专家们更加惊叹不已。摆在他们面前的那许多的细节部分清洗后显出的原形，竟是一台真正的机器，这台机器是由活动指针、复杂的刻度盘、旋转的齿轮和刻着文字的金属板组成的，经复制发现它有 20 多个小型齿轮，一种卷动传动装置和一只冠状齿轮，在一侧是一根指轴，指轴一转动，刻度盘便可以各种不同的速度随之转动。指针被青铜活动板保护起来，上面有长长的铭文供人阅读。

美国学者普莱斯用 X 光检查了这台机械装置，认为它是一台计算机，用它可以计算太阳、月亮和其他一些行星的运行。据检测，它的制造年代是公元前 82 年。这不能不令世人感到惊异。要知道，现代的计算机是由帕斯卡尔在 1642 年才发明的，而且当时他制造的计算机械准确度很差。虽然

人们公认希腊人是古代最有智慧的民族，但这台古代计算机的出现，还是令人感到不可理解。

还有，这个机械装置全部是由金属制成的，使用了精密的齿转转动装置，而人们都知道金属齿轮转动是在文艺复兴时代才使用的。这涉及到制作它时必需具备的车、钳、铣、刨等机械加工工具，而这些工具在古希腊都是根本就不存在的。

于是人们不得不面临这样一个问题：这台"安蒂基西拉机器"到底是谁制造的？

有人说，如果它确是古希腊人制造的，那么人们对古希腊科学技术的理解恐怕要彻底改写。但这改写又没法进行，因为这个计算机只是一个孤证。关于它的制造人们都无法得知。在古希腊和其他一切古代民族的文献中，也从来没有任何关于计算机机械的记载。

希腊人从一艘沉船上打捞上来的机械装置，人们证实它是一台计算机

如果它不是古希腊人所造，那么必定出于远比古希腊人更有智慧，科学技术和工艺水平也要高得多的智慧生命之手。那么，这又会是什么人或生物呢？人们还一无所知。

钱形图案之谜

在日本的一片海滩上，人们发现了一个巨大的钱形图案。从它酷似中国古代钱币的造型，以及图案中清晰可认的字体来看，实令人费解，凡是目睹这一图案的人无不称奇。

这个具有立体感的钱币图案，是掘沙筑成的。在海滩上行走，亲临它时人们根本不会觉得这是一个图案，而会误认为这不过是一道道沙沟。但当你登上岸边的一座名叫琴弹山后向下俯视，就会惊奇地发现这沙沟所展

示的竟是一个巨大的"钱形"图案。在这里你可以看到这个圆形图案的构图和中国古代的铜钱极其相似。在这个圆圆的沙圈中心有个四方形的孔，在这方孔的四边有"永宽通宝"4个大字。

这个钱形图案究竟能有多大呢？人们进行了实地测量。这一测量人们又发现了新的问题，原来人们所见的这个图案并非是绝对的圆形，而是一个周长为354米，东西长122米，南北宽90米的椭圆形，难怪站在它东岸山顶上的人，所看到的图形是那么圆。

那么这个巨大的钱形图案是如何形成的呢？据传说：1633年，即永宽10年时，当地居民为了迎接龙丸藩主前来巡视，一夜之间，掘沙修造起来的，一直保存至今。另一个传说是当年在琴弹山顶有一座神殿，叫"八幡神宫"，公元703年，即大宝三年，一天夜间，八幡大神乘坐一只发光的船，从宇佐神宫飞临此地。从此，便有了这巨型图案。于是，人们就修了这座神宫祭祀八幡大神。

这神秘的图案及神话传说，使人联想到在秘鲁纳斯卡平原的那些巨型图案。那巨型图案也只能从高处才能看见，人们认为那是宇宙人的杰作，地面人是造不出来的。那么这个钱形图案是否也是宇宙人的纪念物呢？传说中从宇宙来的大神，是否就是从宇宙中来的外星人？它所乘坐的发光船，是否就是人们所发现的飞碟？如果是，那么宇宙人为什么会来到地球造出此钱形图案呢？它的喻意是什么？对这一连串的设想人们很难找到证据来说明。

无奈之下，人们又把眼光从宇宙收回到地球，到远古的人类祖先那里去寻找答案。他们认为这个巨大的钱形图案纯粹是地球人的杰作，是集体智慧的结晶。他们推测到：在创造这一奇迹时，指挥者站在海岸边的琴弹山上，通过旗语来指挥海滩上众多的人，这样人们在统一指挥下就完成了这项巨大的工程。只有这样他们所创造出的钱形图案虽然实际上是椭圆形，但人们站在山上所看到的却呈圆形，与钱更加相似。

对于这一解释人们认为比较合理，但人们还不明白，这个钱形图案究竟是些什么人出于什么动机和目的在什么时间创造出来的？它为什么能够在大海的波涛下长存而没有消失？一直以来，人们还没有找到令人满意的答案。

■ 欧帕兹之谜

所谓欧帕兹（OOPARTS），就是英文 out of place Artifacts 的简称，也就是在不应该出现的地方出土的加工品之意。此名称是由一位专门研究奇怪现象的美国动物学家桑达逊（1911～1973）在他 1967 年著的《一位未受邀请的访问者——幽浮》中提出的。它指的是由古老地层中所掘出的，如动植物化石般的人造物品。

1844 年，以发现有关反射偏光"布鲁斯达法则"而闻名的布鲁斯达（1781～1868），在英国的学术协会公报上发表了一篇报告，是有关在石头中发现铁钉的事件。

在发现此石块的金格地采石场中，其石块皆由坚硬的岩层形成，是一种被称为硬黏土的物质。此岩层分布在地下 6 英寸的地方，厚约 180 米。发现铁钉时间并不是在采石场采石时，而是在采石回来之后，正要削石时才发现的。

铁钉插入石块约 1/3 深度的地方，头部约有 1 英寸，沿着石块表面倾倒，另外半英寸则是埋在坚硬的黏土中。此铁钉已完全生锈，但形状仍完整。

1851 年 12 月 24 日，英国伦敦的泰晤士报曾转载了美国一地方报所记载的事。

在美国东北部的某一村庄中，一位最近刚由加州搬来的居民，拥有一块如拳头般大小，而且含有金子的石英岩石。在感恩节的当天，他拿出来给朋友看，结果一不小心掉在地上裂了开来。

石英岩石裂开以后，在中央附近发现有一根已腐蚀了的铁钉，长约 5 厘米。

这根铁钉呈笔直状，那么，到底是谁装上铁钉的？又在何时把铁钉钉入已结晶化的石英中？

美国一科学杂志在 1852 年 6 月 5 日出版的那一期中，曾记载了有关从岩石中出现金属容器的事情。其记载如下：

数天前，位在美国东北部某州的一礼拜堂南边数百米处，正进行着爆破岩石的工作。此工作是将巨大的岩石炸开，变成数吨的岩石碎片，其中发现了被损坏了的 2 个金属容器，若将此两部分合在一起，刚好成为吊钟型的容器。这个容器高约 29 厘米，底部宽约 42 厘米，头部约 16 厘米，厚度约 3 厘米。容器本身的颜色与金属中的锌类似。容器侧面有 6 朵花的形状，是用纯银镶上去的，底部周围也是用银做成草及花圈。从这些浮雕来看，可明白制作此容器需要相当的技巧。

而此不知来历的容器，从地下约 4.6 米的坚硬岩石中被炸出来，现在落入一位叫詹森的人手中。

史密斯博士，在到东方进行旅行时，曾对数百件稀有的家用品进行调查，但没有一样与上述的容器相同。博士为了向科学界提出报告，而测出了该容器正确的尺寸。这件稀有的容器确实是从岩石中蹦出来的，此事虽然没有任何疑问，但许多科学家对此容器的出处都抱持着怀疑的态度。而另一种说法是，蹦出此容器的岩石，是数百万年前的东西，而且容器原留有一张照片，但现在却不知落入谁的手中了。

英国的《苏格兰古物研究学报》第 1 号 121 页中，曾记载着在苏格兰某地挖掘出的煤矿中，发现类似煤炭钻孔器的铁器。最令人感兴趣的是，它是在地面下 2 米的煤炭中发现的。由于此铁器类似挖煤的钻孔器，所以该报也指出有人认为此铁器是现代的东西，是工人不小心所留下的，但问题是，此煤块表面却没有留下任何类似钻孔器的遗迹。而根据科学家的研究，此煤块是产于 2000 年前石炭纪的岩层。

1891 年 6 月 9 日，当美国伊利诺州中部的卡尔夫人和平常一样将煤块装入筒中时，发现了一把锁。同年的 6 月 11 日，该地的地方报，便刊登了以下的报导。

起初，卡尔夫人以为是谁不小心把锁掉入煤块中，但当她捡起锁时，发现并非最近才掉下去的，因为锁的两边紧贴着煤块，而将锁拿出来后，煤块也可吻合，此问题最后被地质学家发现，而成为研究的材料。

欧帕兹中最有名的是萨尔兹堡立方体。

据一般传说，此物是 1885 年在奥地利中北部的欧巴耶思塔州的一家名叫桑兹的铁工厂中发现的。当工人把由矿山运到的煤矿打破时，发现了这个物品。此立方体大小纵横约 67 厘米，高 47 厘米，准确地说应算是一个立方体。

此物体的边缘呈直线状，很尖锐，四面则很平坦，彼此相对，剩下的两面则呈凸面状，且在立方体高度的中央部位，刻有很深的沟绕着立方体。此立方体重约 785 克，比重为 7.75 克/立方厘米。

对此物体提出报告的哥尔特博士认为，包着此物体的煤，是属于 7000 万年前的褐炭。当此物被工厂送给萨尔兹堡的奥格司铁姆博物馆收藏时，根据化学分析的结果证实其成份是钢铁。

另一种说法则认为，此物体的组成成份虽然类似碳钢，但却是天然的磺铁矿，只是硫磺的成份较少。而据哥尔特博士的说法，此物品是一种被称为"河罗西铁来特"的陨铁，物体表面的深沟，是陨石落下时，与大气摩擦所产生的。

对此事件，英国的科学杂志《奈查》于 1886 年 11 月号，以及法国科学杂志《拉斯特》1887 年号都有详细的报导。

在 1960 年，苏俄著名的记者欧斯托罗毛夫，曾拜访放置此物体的博物馆，并进行调查，结果发现博物馆内根本无此物保存，也无有关此物的记载，因此，欧斯托罗毛夫就发表了萨尔兹堡立方体根本不存在的报告。

经过进一步的调查之后了解到，在 1958 年之前，此物体确实在博物馆内。而此物体曾制造过许多复制品，而其实际的物品，曾一度被送回原来发现的工厂老板手中，而于 1958 年又再度被转送到福克来堡地方的博物馆，由前贺伦高等教育委员之一的培伦汉特保管到 1973 年，其间并允许科学家的检验分析及拍照。

还有，1966～1967 年，在维也纳的自然史博物馆，利用最新式的电子光束，对此物进行微量分析，结果完全没有分析出镍、铬、钴等成份，因此确认此物体不是陨石，而且此物体含有微量的锰，因此自然史博物馆的博士们最后认为，此物体是铸铁，并且相信此铁器是古代采矿机器的平稳器。

由此可知，此物体实际上既非钢铁也非立方体，更不是陨石。

最先发现此物体的工厂主人布朗，并不否认此物不是包在煤炭中，而只是混在石炭堆里的可能性。

因此，维也纳自然史博物馆的马尔达那博士，根据以上的调查结果，认为此物是铸铁工厂熔化的铁，在偶然情况下掉落的可能性很大，但其真相如何则不得而知。

还有，1961年2月13日，在加利福尼亚州中部奥兰卡的科索山地，雷因、迈克西尔、马克西等3人又发现了一个欧帕兹。这3人当时在奥兰卡共同经营一家工艺品店，专卖一些宝石及礼品，因此偶尔会上山采集石头。而在那一天，他们挖到一块石头，起初以为只是普通的晶洞石，也就是中间是空的结晶石头。但第二天在店里的工作室中，迈克西尔把此石头放在与其同长、约10厘米的钻石锯台上，将其切成两半，发现内部并不是结晶，而是好像现代点火器般的机器零件。那零件有直径约2厘米的金属轴，此轴被包在已呈化石的六角型筒中。此直径约19厘米，是一个非常坚固的筒状物，外侧似乎由小石头、泥土、贝壳及无磁化的金属物所形成的。金属轴虽不带磁性，但靠近磁石还是会起反应，而且经过5年之后，此金属轴仍未生锈。

据3位发现者所言，在筒与化石之间，似乎还有一个铜筒。有人认为此物体可能是100年前掉入泥土中的机器，经过长时间的太阳照射而形成的，但根据某地质学家的调查，此物至少是50万年前的东西。

所有这些欧帕兹至今还都没有一个令人满意的说法，不论猜测其是来自外星文明，还是来自一个曾经高度发达但已经毁灭了的人类文明，都还缺乏令人信服的证据。

■ 重见天日的水晶头骨

有一个古老的印第安人传说，古时候一共有13个水晶头骨，和人类的头骨一般大，下巴还可以活动，能说话，能唱歌。据说这些头骨可以为人类提供有关人类起源和死亡的资料，还能帮助人类解开宇宙生命之谜。这些信息资料不但对研究人类居住的行星发展趋势十分重要，而且对研究人

类和繁衍也起着决定性的作用。也许有一天人们会找到所有的水晶头骨，把它们聚集在一起，集人类大智于一体，发挥它们应有的作用。

这个传说在美洲土著人当中世代流传了几千年。但后来人们发现，从中美洲中部玛雅和阿兹特克后代到现代美国西南部飘布罗和纳瓦乔的印第安人，直到美国东北部切诺基的塞尼卡的印第安人，对于这个传说各有各的说法。

比如切诺基人说，宇宙中有 12 个行星，每个行星上都住着人类。一个头骨管着一个行星，再加上管理整个世界的一个，共有 13 个头骨。

英国人迈克·米歇尔·黑克斯热爱考古学，作为大英博物馆玛雅文化委员会的会员，他坚信堪称人类文明摇篮的圣地不是在中东，而是神秘消失的大西洋陆地。为了证实他的说法，他组织了一个探测队，于 1924 年从利物浦出发，沿水路到达了中美洲英属的汉德里斯。他坚信能在这里找到真正的人类文明发祥地的残迹，与他同行还有他的养女安娜。他们在当地玛雅人的帮助下，在热带森林的丛林中发现了一座古代玛雅人的城市的遗址。他们花了整整一年多的时间，清理生长在这座城市遗址上的灌木和大树，并且烧掉了那些实在清理不掉的枝枝蔓蔓。于是，曾经辉煌一时的古城废墟于是在滚滚的烟火中显露出来，然后探测队开始了长达几年的挖掘。

关于这座玛雅人的城市废墟，米歇尔·黑克斯写道："看到废墟的宏大场面我们都惊呆了，随着大火逐渐退去，映入我们眼帘的是城墙、宽大的防梯以及墓冢……中间屹立着高大的城堡……城堡的相对高度远远高于周边的山村……它高 46 米……占地 16 平方米包括金字塔、宫殿、梯田、墓冢、城墙、房屋、地下室以及带有楼梯座位的观看场，观看场分上下两层，能容纳 1 万多观众。城堡的面积有 7 英亩半，当初每个地主都是用切割好的白石头砌城……"

玛雅人竟然单凭石斧和石凿创造出了工艺如此精湛的作品，其劳动强度简直无法估量。安娜在爬上了金字塔的最高处时，却意外地发现里面有一个闪闪发亮的东西，安娜兴奋不已，回去后立即把这一发现告诉给养父。第二天一大早，米歇尔·黑克斯就把大家召集在一起，开始去搬掉金字塔顶端松动的石头。他们花了好几周的时间才搬出一个够大的窟窿，并且发现了一件稀世珍品———一块和真人头骨一般大小，通体透明的水晶头骨。

水晶头骨一看就知道是从整块水晶石上镂刻出来的，安娜把它拿到灯下，经过反射的灯光变得异常扑朔迷离，异常明亮。这只有纯度极高的水晶石才能达到这样的效果。它具有雕刻精湛的牙齿，线条平滑的颧骨以及吻合无误的下颌和头颅，眼窝与真人头骨眼窝大小完全一致，丝丝入扣。它能把照射到它身上的太阳光反射成一道眩目的光束。人们像被施了催眠术般盯着它目瞪口呆，狂喜不已，似乎有一种古老而强大的力量在每人身上复活，莫名其妙的玛雅人看到了头

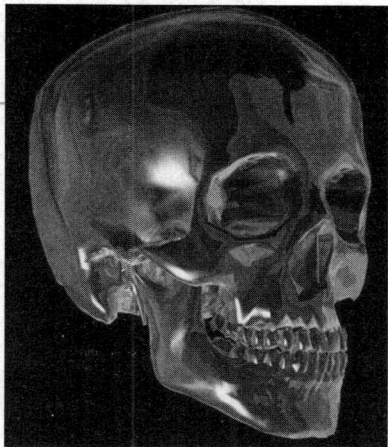

玛雅人水晶头骨

骨以后又哭又笑。米歇尔·黑克斯把头骨放到了玛雅人修建的祭坛上，于是召来了玛雅人一次盛大的庆典，头骨周围燃烧着熊熊篝火，虔诚的玛雅人在求它保佑。

围绕着水晶头骨，玛雅人的庆祝活动持续了好几天，一位玛雅老人说这个头骨非常古老，有 10 万年之久的历史了。老人说，很久很久以前，有个伟大的玛雅人的祭司十分受人爱戴，人们为了永远留住他的正直和智慧而制作这个头骨。老人说，水晶头骨也许还能说话，至于怎样才能使他说话，他没有讲。

水晶头骨制作之谜

对水晶头骨的检测工作于 1970 年在美国加利福尼亚萨坦科莱罗的海尔莱德—派克尔德水晶实验室进行。检测表明，水晶头骨是由真石英水晶制成，而天然真石英水晶完全是大自然的产物。

对此，检测小组非常惊讶，这种高纯度的水晶石可是世界上硬度最高的材料之一了。按照宝石专家所使用的摩恩硬度标准，它只比钻石稍微软

一点儿，再加上它脆而易碎，无疑会给雕刻工作带来难以想象的困难。尽管如此，头骨的雕刻工艺却精美异常。根据检测小组估算，即使用当今带有钻石头的电动工具，也要刻上至少1年的时间。但是检测小组断定，要雕刻这个娇贵的物品，根本不能使用任何带钻石头的电动工具，因为它经不起用该工具所产生的振动、振量和摩擦，它会因此而破碎的。

检测小组最初认为，头骨有可能不是用现代工具制成的。后来的检测进一步证实了最初猜想的真实性。单纯从头骨极其平滑的表面来看，就看不出任何使用现代工具所遗留下来的痕迹，因为如果有，就非常难以去掉。这些发现，足以肯定检测小组最初的判断是对的——这个水晶头骨为手工制品。

可以想象，手工创制这样一个水晶头骨要花费多长时间！科学家们只能推算，这个头骨也许是用河里的沙子和水慢慢地一点点地从一大块石英石上磨下来的，也许还用了铜线或用手拉的雕刻用的"弓"具。检测小组推断，这个水晶头骨一定耗费了好几代人的毕生精力！至于他们到底花费了多少时间是难以确定的。据海尔莱德—派克尔德员工杂志《测量》最精确的估算，有可能是"300年"！

正像杰克和查尔斯讲的那样，无论是谁做这个头骨，都要从3倍于成品大小的一大块多棱石英水晶开始。开始时，他们无法知道水晶里面的纯度，也不知道有没有汽泡或小洞，因此，他们事先要精心地挑出颗粒大小相当的沙子，先用大沙粒磨出雏形，再逐渐地用小沙粒磨出精细的表面、最后用像粉状物小得几乎分辨不出的沙粒打光。而且，一旦中间有所疏漏，则要从头开始，甚至哪怕混进了一颗大了点的沙粒，即使整个工作到了最后阶段也要重新开始。整个工作从头到尾，的确是十分艰难的。

科学家们却怎么也不能测得它的制作年代。杰克和查尔斯说，这是因为石英水晶从不会被侵蚀、腐化、风化或随着时间的变化发生变化，根本不留年代记号。另外，科学家也不能通过测定碳原子组成成分的射线的衰化程度，来鉴定其原材料的年代和工艺。

因此，就检测小组现有的科学知识和尖端技术以及专业水平，是无法知道水晶头骨的确切年龄的。也许是几百年甚至几亿年，所有的科学都认为它和地球同龄，或者更早。